소프트웨어 엔지니어를 위한

필수 수학

Essential Mathematics for Software

이덕우 • 이정연 지음

도서출판 홍릉 50th

저자소개

이덕우 계명대학교 컴퓨터공학과 교수

경북대학교 전자전기컴퓨터학부에서 학사학위를 취득한 후, 노스캐롤라이나주립대학교 전기컴퓨터공학부에서 석사 및 박사학위를 취득하였다. 세인트루이스 워싱턴대학교에서 박사후 연구원, 삼성전자 무선사업부 카메라개발그룹에서 책임연구원으로 근무하였다. 이후 영산대학교에서 조교수로 근무하였고, 2018년 3월부터 현재까지 계명대학교 컴퓨터공학과 교수로 재직 중이다. 주요 연구분야는 영상 및 신호처리, 컴퓨터 비전이다.

이정연 계명대학교 공과대학 초빙교수

경북대학교 통계학과에서 학사학위를 취득한 후, 대구대학교 교육대학원에서 수학교육 전공으로 석사학위를, 대구대학교에서 응용수학으로 박사학위를 취득하였다. 이후 대구대학교, 금오공과대학교, 계명대학교에서 강사로 근무했으며, 2022년 9월부터 현재까지 계명대학교 공과대학 초빙교수로 재직 중이다. 연구분야는 응용수학, 수학교육, 웨이블릿 기반 신호해석 및 처리이다.

소프트웨어 엔지니어를 위한

필수 수학

Essential Mathematics for Software

인 쇄: 2026년 2월 20일 초판 1쇄
발 행: 2026년 2월 27일 초판 1쇄

저 자: 이덕우 · 이정연
발행인: 송 준
발행처: 도서출판 홍릉
주 소: 01093 서울시 강북구 인수봉로 50길 10
등 록: 1976년 10월 21일 제5-66호

전 화: 02-999-2274~5, 903-7037
팩 스: 02-905-6729
e-mail: hongpub@hongpub.co.kr
http://www.hongpub.co.kr
ISBN: 979-11-5600-272-7(93410)

정 가: 19,000원

머리말… Preface

이 책은 대학생들에게 필요한 기본적인 수학 내용을 다룬다. 특히 수학적 사고가 요구되는 공학분야 중 소프트웨어 분야와 연관된 학업 및 연구를 수행하는 학생들 중 수학개념에 대한 학습이 필요하거나, 고등학교 시절에 배운 수학내용을 대학교에서 필요한 수학 내용 위주로 복습을 하고자 하는 학생들을 위해 본 교재를 집필하였다. “수학”에 대해 “어렵다”라는 인식이 최대한 줄어들 수 있도록 기본 개념을 직접 확인 할 수 있는 예제들을 제공하여, 학생들이 실제로 해결해야 할 문제에 대해 수학적인 사고를 통해 해답을 찾는 과정을 스스로 구축할 수 있도록 본 교재를 구성하였다. 본 교재의 각 장에서 제공하는 내용을 예제를 통해 학습한다면, 수학 뿐 아니라, 공학 및 응용분야의 문제를 해결하기 위한 수학적 사고력을 충분히 갖출 수 있을 것이다.

2026년 2월

저 자 이덕우, 이정연

목차… Contents

1장 | 수의 표현

2장 | 수학적 논리와 명제

3장 | 증명

4장 | 집합

5장 | 행렬

6장 | 함수

7장 | 그래프

8장 | 트리

9장 | 순열 및 확률

01

수의 표현

■ 수의 체계

우리가 일상 생활에서 사용하는 수의 종류는 다양하다. 자연수, 정수, 실수 등 현실세계를 정량적으로 표현할 수 있는 수의 종류가 있는 반면, 복소수 또는 복소수를 구성하는 하나의 요소인 허수처럼 현실세계를 반영하지 않는 수의 종류도 존재한다. 또한, 증가와 감소를 표현하기 위한 양수(positive number)와 음수(negative number)도 존재하고, 이산적으로 분명하게 구분이 지어지는 자연수나 정수가 있는 반면, 분명하게 구분지어지지 않고 연속된 영역에서 존재하는 소수점 아래 자리가 무한하게 펼쳐지는 실수도 존재한다. 그 외에도 유리수와 무리수의 종류도 있다. 그리고 일상생활에서 우리는 주로 1, 2, 3, 4, 5, 6, 7, 8, 9, 0의 조합으로 이루어진 십진수를 사용하지만, 컴퓨터 같은 기계들은 주로 0과 1로 이루어진 이진수를 사용한다. 이렇게 우리는 어떤 현상을 정량적으로 표현하기 위해 다양한 수의 종류를 활용한다.

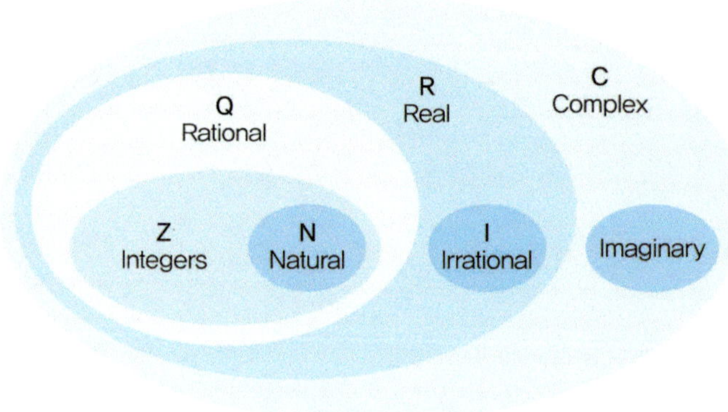

[그림 1.1]

그림 1.1에서 나타난 것과 같이 수의 종류는 복소수, 실수, 유리수, 정수, 자연수 등의 체계로 이루어져 있다. 자연수는 0을 제외한 양의 정수이고, 유리수는 정수 a와 b가 존재할 경우 0이 아닌 b에 대해 a/b로 표현할 수 있는 실수이다. 복소수는 실수부와 허수부의 조합으로 이루어진 수이며 허수 i(또는 j로 표기) 는 $i^2 =-1$을 만족한다. 이 수들을 활용하여 수학, 물리, 화학, 그 외에 응용분야인 공학에서 다양한 현상을 표현 및 모델링한다.

정의 1.1 자연수

0보다 큰 양의 정수.

자연수(Natural number)는 수를 셀때나 순서를 매길 때 주로 사용된다. 자연수 집합은 주로 N으로 표기한다 (예, 정수 x는 자연수일 경우, $x \in \mathbb{N}$). 자연수는 주로 10진수로 이루어진 양의 정수를 의미하고, 자리수와 기수로 나누어 표현할 수 있다. 예를 들어 양의정수 123은 아래와 같이 표현할 수 있다.

$$123 = 1 \times 10^2 + 2 \times 10^1 + 3 \times 10^0$$

여기서 1,2,3은 각각 자리수를 의미하고, 10은 기수를 의미한다.

정의 1.2 정수

자연수인 양의정수, 0과 음의정수로 이루어진 수체계

정수(integer)는 수론(또는 정수론)에서 다루는 가장 기본적인 연구대상이다. 양의정수와 음의정수를 구분하기 위해, 양의 정수인 경우 "+"기호를, 음의 정수인 경우 "-" 기호를 붙이며, 0의 경우에는 양의 0, 음의 0을 구분하지 않고 0으로 단일 표기 한다. 정수 집합은 주로 $\mathbb{Z}$로 표기한다 (예 : 정수 x인 경우 $x \in \mathbb{Z}$)

정의 1.3 유리수

유리수는 $\frac{a}{b}$와 같이 두 정수의 비율로 나타낼 수 있는 수 (a, b$\in \mathbb{Z}$, b$\neq 0$)

유리수(rational number)는 두 정수의 비율로 표현할 수 있는 수를 의미하므로 정수(예 : 2/1, 1/1, 3/1 등)도 유리수에 포함된다. 유리수는 주로 분수의 형태, 즉 $\frac{a}{b}$와 같은 형태로 표현을 한다. 유리수 집합은 주로 $\mathbb{Q}$로 표기한다 (예 : 유리수 x의 경우, $x \in \mathbb{Q}$). 유리수를 분수가 아닌 수로 표현을 할 경우 소수로 표현 가능한데, 경우에 따라 유한소수이거나 순환소수가 될 수 있다. 만약 두 개의 정수의 비율로 표현할 수 없을 경우 이러한 수를 무리수라 한다.

정의 1.4 무리수

무리수는 $\frac{a}{b}$로 표현할 수 없는 수 (a, b$\in \mathbb{Z}$, b$\neq 0$)

무리수(irrational number)는 유리수가 아닌 실수이다. 즉 0이 아닌 정수의 비율로 표현할 수 없는 수를 나타낸다. 무리수 집합은 $\mathbb{I}$로 표기한다 (예 : 무리수 x의 경우 $x \in \mathbb{I}$). 유리수와 무리수는 모두 실수의 범주에 포함된다.

정의 1.5 실수

유리수와 무리수를 모두 포함하는 수. 소수점을 기준으로 정수부와 소수부로 구분한다.

실수의 표기는 주로 ℝ이다. (예 : 실수 x의 경우 $x \in \mathbb{R}$)

정의 1.6 복소수

실수와 허수를 모두 포함하는 수.

복소수는 실수부(real part)와 허수부(imaginary part)의 합으로 표현할 수 있으며, 허수부의 기본단위인 i는 $i^2 = -1$을 만족한다.

■ 수의 진법 표현

일반적으로 우리는 일상생활에서 10진법의 수를 사용한다. 다시 말해서, 0,1,2,3,4,5,6,7,8,9로 표현되거나, 이들의 조합으로 이루어진 숫자를 사용한다. 2진법의 수를 사용할 경우, 0 또는 1로 표현되거나, 이들의 조합으로 이루어진 숫자를 사용한다. 일반적으로 n진법의 사용한 수인 n진수를 사용한다는 것은, 0부터 n-1까지의 연속된 자연수를 사용하여 수를 표현한다는 의미이다. n진수의 수 K의 경우 표기는 K_n이며, 10진수인 경우에는 아래첨자를 생략하기도 한다. 10진수는 자릿수와 기수를 이용하여 표현할 수 있다.

$$K_{10} = a_k a_{k-1} \cdots\cdots a_1 a_0 = a_k \times 10^k + a_{k-1} \times 10^{k-1} + \cdots\cdots + a_1 \times 10^1 + a_0 \times 10^0$$

K_{10}은 임의의 10진수이고, a_0는 1의 자리수, a_1은 10의 자리수, ... a_k는 10^k자리수이다. 그리고 a_k는 0과 9 사이의 정수이다.

만약 소수점이 존재하는 실수인 경우, 임의의 실수 K_{10}은, 정수의 경우가 마찬가지로 자릿수와 기수를 이용하여 표현할 수 있다.

$$\begin{aligned} K_{10} &= a_k a_{k-1} \cdots\cdots a_1 a_0 a_{-1} a_{-1} \cdots\cdots a_{-l} a_{-(l+1)} \\ &= a_k \times 10^k + a_{k-1} \times 10^{k-1} + \cdots\cdots + a_1 \times 10^1 + a_0 \times 10^0 + a_{-1} \times 10^{-1} + \cdots\cdots a_{-(l+1)} \times 10^{-(l+1)} + \cdots\cdots \end{aligned}$$

2진수 K_2는 0과 1을 이용하여 수를 표현한다. 2진수 K_2는 다음과 같이 표현할 수 있다.

$$K_2 = a_k a_{k-1} \cdots\cdots a_1 a_0 = a_k \times 2^k + a_{k-1} \times 2^{k-1} + \cdots\cdots + a_1 \times 2^1 + a_0 \times 2^0$$

그리고 소수점을 포함하는 2진수 K_2는 다음과 같이 표현된다.

$$\begin{aligned} K_2 &= a_k a_{k-1} \cdots\cdots a_1 a_0 a_{-1} a_{-1} \cdots\cdots a_{-l} a_{-(l+1)} \\ &= a_k \times 2^k + a_{k-1} \times 2^{k-1} + \cdots\cdots + a_1 \times 2^1 + a_0 \times 2^0 + a_{-1} \times 2^{-1} + \cdots\cdot a_{-(l+1)} \times 2^{-(l+1)} + \cdots\cdot \end{aligned}$$

16진수는 일상생활에서 사용하는 경우가 많지 않지만, 네트워크 IP주소를 표현하거나, 컴퓨터의 메모리주소 등을 표현할 때 16진수로 표현하는 경우가 많다. 데이터를 표현할 때 2진수를 사용할 경우, 길어지면, 16진수로 표현할 경우 길이를 줄여서 표현할 수 있다. 그래서 컴퓨터 분야에서 16진수를 많이 사용한다. 16진수는 0부터 15까지의 숫자로 구성되어 있다. 그 숫자는 0,1,2,3,4,5,6,7,8,9,A,B,C,D,E,F 이다. A는 10진수로 10, B는 11, C는 12, D는 13, E는 14, F는 15에 해당되는 16진수이다. 16진수 K_{16}은 다음과 같이 표현한다.

$$K_{16} = a_k a_{k-1} \cdots\cdots a_1 a_0 = a_k \times 16^k + a_{k-1} \times 16^{k-1} + \cdots\cdots + a_1 \times 16^1 + a_0 \times 16^0$$

소수점이 있는 실수 16진수는 다음과 같이 표현한다.

$$\begin{aligned} K_{16} &= a_k a_{k-1} \cdots\cdots a_1 a_0 a_{-1} a_{-1} \cdots\cdots a_{-l} a_{-(l+1)} \\ &= a_k \times 16^k + a_{k-1} \times 16^{k-1} + \cdots\cdots + a_1 \times 16^1 + a_0 \times 16^0 + a_{-1} \times 16^{-1} + \cdots\cdot a_{-(l+1)} \times 16^{-(l+1)} + \cdots\cdot \end{aligned}$$

8진수 K_8도 위의 16진수나 2진수와 유사한 방법으로 아래와 같이 표현할 수 있다.

- 8진수 정수 :

$$K_8 = a_k a_{k-1} \cdots\cdots a_1 a_0 = a_k \times 8^k + a_{k-1} \times 8^{k-1} + \cdots\cdots + a_1 \times 8^1 + a_0 \times 8^0$$

- 8진수 실수 :

$$\begin{aligned} K_8 &= a_k a_{k-1} \cdots\cdots a_1 a_0 a_{-1} a_{-1} \cdots\cdots a_{-l} a_{-(l+1)} \\ &= a_k \times 8^k + a_{k-1} \times 8^{k-1} + \cdots\cdots + a_1 \times 8^1 + a_0 \times 8^0 + a_{-1} \times 8^{-1} + \cdots\cdot a_{-(l+1)} \times 8^{-(l+1)} + \cdots\cdot \end{aligned}$$

■ 진법 간의 변환

앞에서 다룬 10진수, 2진수, 8진수, 16진수는 서로 변환이 가능하다.

(1) 10진수에서 2진수로의 변환

10진수에서 2진수로의 변환은 나눗셈을 활용해서 수행할 수 있다. 변환하고자 하는 10진수를 2로 나누는 과정을 반복하며, 각 과정에서 나오는 나머지값이 2진수의 자리수가 된다. 2

로 나누는 과정을 반복하다가, 몫이 0이 될 때, 2로 나누는 과정을 종료한다. 2로 나누는 각 과정에서 나오는 나머지값을 역순으로 정렬하면 변환의 대상이 되는 10진수의 2진수로의 변환이 완료된다.

예를 들어 13을 2진수로 변환해 보자.

① 13÷2 = 6 나머지 1

② 6÷2 = 3 나머지 0

③ 3÷2 = 1 나머지 1

④ 1÷2 = 0 나머지 1

만약, 10진수 13.25를 2진수로 변환해야 할 경우, 소수점 아래의 실수부를 어떻게 변환하는지 알아보자. 13.25에서 정수부는 10진수 정수를 2진수로 변환하는 방법과 동일하게 수행한다. 실수부인 0.25를 변환하는 방법은, 정수부의 변환과 반대로, 변환대상이 되는 실수부에 반복적으로 2를 곱하고, 곱의 결과로 나오는 수의 소수부가 0이 되면 이 과정을 종료한다.

13.25에서 실수부인 0.25를 2진수로 변환해 보자.

① 0.25×2 = 0.5

② 0.5×2=1.0

첫 번째 과정의 결과는 0.5, 두 번째 과정의 결과는 1.0이다. 이때 결과로 나온 값의 정수부인 0과 1만 선택하여 정렬한다. 이 정렬의 결과인 01을 실수부로, 정수부에는 0을 두어서 0.25의 2진수 변환결과는 0.01이 된다. 그러므로, 13.25를 2진수로 변환하면 1101.01이 된다.

10진수를 8진수로 변환하는 방법을 알아보자. 10진수를 2진수로 변환하는 방법과 유사한 방법을 사용한다. 변환하고자 하는 10진수를 8로 나누는 과정을 반복하며, 각 과정에서 나오는 나머지값이 8진수의 자리수가 된다. 8로 나누는 과정을 반복하다가, 몫이 0이 될 때, 8로 나누는 과정을 종료한다. 8로 나누는 각 과정에서 나오는 나머지값을 역순으로 정렬하면 변환의 대상이 되는 10진수의 8진수로의 변환이 완료된다.

예를 들어 133을 8진수로 변환해 보자.

① 133÷8 = 16 나머지 5

② 16÷8 = 2 나머지 0

③ 2÷8 = 0 나머지 2

10진수 133을 8진수로 변환한 결과는 205가 됨을 확인할 수 있다.

10진수 실수 133.4375를 8진수로 변환하는 방법을 알아보자. 우선 정수부인 133은 위의 방법으로 변환하면 205가 된다. 소수점 아래의 수인 0.4375를 8진수로 변환하는 방법은 0.875에 8을 곱하는 절차를 반복하여 소수점 아래의 수가 0이 될 때 8을 곱하는 절차를 종료한다.

① 0.4375×8 = 3.5

② 0.5×8=4.0

여기서 얻은 결과 중 정수부만 변환의 결과로 사용하고, 먼저 얻은 정수부부터 차례로 변환 결과로 사용한다.

위의 절차를 종합하여 볼 때, 133.4375를 8진수로 변환한 결과는 205.34 이 됨을 확인할 수 있다.

동일한 절차를 따라서 10진수 1333을 16진수로 변환해 보자.

① 1333÷16 = 83 나머지 5

② 83÷16 = 5 나머지 3

③ 5÷16 = 0 나머지 5

10진수 1333을 16진수로 변환한 결과는 535가 됨을 확인할 수 있다.

10진수 실수 1333.21875를 16진수로 변환해 보자. 정수부인 1333은 535로 변환되는 것을 위에서 확인 하였다. 실수부인 0.21875를 16진수로 변환하기 위해서는 16을 반복하여 곱하고, 곱한 결과의 소수부가 0이 되면 곱셈을 종료한다.

① 0.21875×16 = 3.5

② 0.5×16=8.0

여기서 변환의 결과로 사용되는 수는 3과 8이다. 그러므로 10진수 실수 1333.21875를 16진수로 변환한 결과는 535.38이 됨을 확인할 수 있다.

이번에는 반대로, 2진수, 8진수, 16진수를 10진수로 변환해 보자. N진수를 10진수로 변환하기 위해서는 자리수와 기수를 활용하면 된다.

N진수 $a_K a_{K-1} a_{K-2} \cdots\cdots a_2 a_1 a_0$ 을 10진수로 변환하는 공식은 다음과 같다.

$$a_K a_{K-1} a_{K-2} \cdots\cdots a_2 a_1 a_0 = a_K \times N^K + a_{K-1} \times N^{K-1} + a_{K-2} \times N^{K-2} + \ldots.. + a_2 \times N^2 + a_1 \times N^1 + a_0 \times N^0$$

예 1.1

2진수 11111을 10진수로 변환하라.

풀이

$11111_2 = 1 \times 2^4 + 1 \times 2^3 + 1 \times 2^2 + 1 \times 2^1 + 1 \times 2^0 = 31_{10}$

예 1.2

8진수 357을 10진수로 변환하라.

풀이

$357_8 = 3 \times 8^2 + 5 \times 8^1 + 7 \times 8^0 = 239_{10}$

예 1.3

16진수 10AE3을 10진수로 변환하라.

풀이

$10AE3_{16} = 1 \times 16^4 + 0 \times 16^3 + 10 \times 16^2 + 14 \times 16^1 + 3 \times 16^0 = 68323_{10}$

이번에는 2진수, 8진수, 16진수 간의 변환에 대해 알아보자. 먼저 2진수와 8진수 간의 변환에 대해 알아보자. 2진법을 사용할 경우 수의 범위는 0에서 1까지이다. 8진법을 사용할 경우 수의 범위는 0에서 7까지이다. 2진수를 8진수로 표현하기 위해서는 2진수를 3개씩 묶어서 10진수로 변환하면 된다. 그 이유는 8진수는 0에서 7까지의 수를 포함하고 있으며, 이것을 2진수로 표현한다면 000에서 111까지의 범위이다. 즉, 8진수는 3개의 비트로 표현할 수 있다는 점을 활용하여 2진수와 8진수 간의 변환을 수행할 수 있다.

예 1.4

2진수 11011100101011011010을 8진수로 변환하라.

풀이

2진수를 8진수로 변환하기 위해서는 가장 낮은 자리수부터 3자리씩 나눈 후 각 3자리의 2진수를 10진수로 변환하면 된다.

2진수	11	011	100	101	011	011	010
8진수	3	3	4	5	3	3	2

즉, 변환한 결과는 3345332이다.

예 1.5

2진수 100011110001.10100101011011을 8진수로 변환하라

풀이

주어진 2진수는 정수부와 소수부로 나뉘어져 있다.

정수부는 [예제 1.4]와 동일한 방법으로 8진수로 변환하면 된다. 소수부의 경우는 소숫점 바로 뒤의 수부터 3자리씩 나누어서 각 3자리를 10진수로 변환하면 그 결과가 8진수이다. 제일 마지막에 3자리 수가 나오지 않고, 1자리나 2자리수가 나올 경우, 뒤에 0을 붙여서 3자리로 만든 후 10진수로 변환하면 8진수 변환이 완료된다.

2진수	100	011	110	001	.	101	001	010	110	11
8진수	4	3	6	1	.	5	1	2	6	6

즉, 변환한 결과는 4361.51266이다.

8진수를 2진수로 변환해 보자. 8진수의 한자리수는 2진수의 세자리 수, 또는 세 개의 비트임을 알고 있다. 이 사실을 활용하여 8진수를 2진수로 변환할 수 있다. 각 자리수를 3자리 2진수로 변환한 후, 정수부의 제일 앞의 0과 소수부의 제일 뒤의 0은 제거한다.

예 1.6

8진수 1375.674을 2진수로 변환하라.

풀이

8진수	1	3	7	5	.	6	7	4
2진수	001	011	111	101	.	110	111	100

8진수를 2진수로 변환한 결과는 1011111101.1101111 임을 확인할 수 있다.

2진수와 16진수 간의 변환은 16진수로 표현할 수 있는 수의 범위가 0에서 15인 점을 감안하여 볼 때, 16진수는 4비트로 표현할 수 있음을 알 수 있다. 그러므로, 2진수를 16진수로 변환할 때에는 2진수에서 8진수로의 변환과 유사하게, 2진수를 4자리수로 나누어서, 각 4자리수를 10진수로 표현하면 된다. 단, 10진수로 표현한 결과가 10 이상일 경우에는 그 수에 대응하는 16진수를 기입한다.

예 1.7

2진수 11011100101011011010을 16진수로 변환하라.

풀이

2진수를 16진수로 변환하기 위해서는 가장 낮은 자리수부터 4자리씩 나눈 후 각 4자리의 2진수를 10진수로 변환하면 된다.

2진수	1101	1100	1010	1101	1010
16진수	13→D	12→C	10→A	13→D	10 → A

즉, 변환한 결과는 DCADA이다.

예 1.8

2진수 100011110001.10100101011011을 16진수로 변환하라.

풀이

주어진 2진수는 정수부와 소수부로 나뉘어져 있다.

정수부는 [예제 1.7]과 동일한 방법으로 16진수로 변환하면 된다. 소수부의 경우는 소숫점 바로 뒤의 수부터 4자리씩 나누어서 각 4자리를 10진수로 변환하면 그 결과가 16진수이다. 제일 마지막에 4자리수가 나오지 않고, 1자리, 2자리 또는 3자리수가 나올 경우, 뒤에 0을 붙여서 4자리로 만든 후 10진수로 변환하면 16진수 변환이 완료된다.

2진수	1000	1111	0001	.	1010	0101	0110	11
16진수	8	F	1	.	A	5	6	C

즉, 변환한 결과는 8F1.A56C이다.

16진수를 2진수로 변환해 보자. 16진수의 한자리수는 2진수의 네자리 수, 또는 네 개의 비트임을 알고 있다. 이 사실을 활용하여 16진수를 2진수로 변환할 수 있다. 각 자리수를 4자리 2진수로 변환한 후, 정수부의 제일 앞의 0과 소수부의 제일 뒤의 0은 제거한다.

예 1.9

16진수 1B4.30E1을 2진수로 변환하라.

풀이

8진수	1	B	4	.	3	0	E	1
2진수	0001	1011	0100	.	0011	0000	1110	0001

16진수를 2진수로 변환한 결과는 110110100.0011000011100001 임을 확인할 수 있다.

■ 보수

보수(complement)는 의미대로 해석을 하면 보충을 해주는 수이다. 예를 들면, 10진수 5에 대한 10의 보수는 10-5인 5이다. 10진수 3에 대한 10의 보수는 10-3인 7이다. 8진수 3에 대한 8의 보수는 5이다.

일반적으로 n진수에서의 보수는 위에서 언급한 n의 보수와 n-1의 보수가 존재한다. 예를 들면 10진수에서는 10의 보수와 9의 보수가 존재한다. 8진수에서는 8의 보수와 7의 보수가 존재하고, 2진수에서는 2의 보수와 1의 보수가 존재한다.

2진수에서의 1의 보수는 임의의 2진수와의 합이 1이 되는 수이다. 예를 들어 2진수에서 2진수 0에 대한 1의 보수는 1이고, 2진수 1에 대한 1의 보수는 0이다. 쉽게 설명하자면, 주어진 2진수의 각 자리수를 바꾸면(0을 1로, 1을 0으로) 1의 보수를 얻을 수 있다.

예 1.10

10진수 5를 2진수로 변환한 후 이에 대한 1의 보수를 구하라.

풀이

10진수 5는 2진수 3자리로 표현한다면 101이다. 1의 보수는 0과 1을 바꾸면 되므로, 101의 1의 보수는 010이다.

만약, 10진수 5를 2진수 8자리로 표현할 경우, 00000101으로 쓸 수 있다. 이때 1의 보수는 11111010이다. 즉, 컴퓨터에서 주어지는 메모리의 사이즈에 따라 표현할 수 있는 수가 달라짐을 확인할 수 있다.

2진수에서는 1의 보수 외에 2의 보수도 존재한다. 2의 보수는 보수의 의미를 그대로 따라 설명하면, 임의의 2진수와의 합이 2(2진수로 10)가 되는 수이다. 2진수에서 2의 보수를 구하는 것은 1의 보수를 구하는 것보다 조금 복잡한데, 예시를 활용하여 2의 보수를 구하는 절차를 알아보자.

2의 보수를 구해야 하는 수(2진수)보다 한자리 높은 2진수를 정한다. 예를 들어 10진수 7의 2의 보수를 구해보자. 이때, 3자리 2진수를 사용한다고 가정하자. 그렇다면, 10진수 7의 2진수 표현 결과는 111이다. 이 수보다 한자리 높은 2진수이면서 첫 자리만 1이고 나머지는 0인 2진수는 1000이며, 이것은 10진수로 8이다. 이때, 10진수 7의 2의 보수는 7에서 어떤 수를 더했을 때 8이 되는 수이다. 즉, 10진수 1이고 이것을 2진수 3자리로 표현하면 001이다. 즉, 10진수 7의 2의 보수는 1이라는 것을 2진수로 표현할 경우에는 1000에서 0111을 빼서 얻은 결과로 표현해야 하며, 그것은 0001이며, 3자리로 표현하면 001이다.

이 절차대로 계산을 하면 2의 보수를 구할 수 있지만, 생각보다 복잡하고, 자리수가 늘어나면 2진수의 뺄셈이 복잡해 지면서 계산은 더 어려워질 수 있다. 간단하게 2의 보수를 구하는 방법은 다음과 같다.

① 2의 보수를 구해야 하는 수의 2진수를 구한다.

② ①에서 구한 2진수의 1의 보수를 구한다

③ ②에서 구한 결과에 1을 더한 결과가 2의 보수가 된다.

2진수 7의 2의 보수를 다시 구해보자. 3자리의 2진수를 가정하면, 7을 2진수로 표현하면 111이다(①). 111의 1의 보수는 000이다(②). 000에 1을 더하면 001이다(③).

1의 보수에 1을 더하면 2의 보수가 되므로, 1의 보수를 활용하면 비교적 간단하게 2의 보수를 구할 수 있다.

4자리의 2진수를 가정해서 2진수 7의 2의 보수를 다시 구해보자. 7을 2진수로 표현하면 0111이다(①). 0111의 1의 보수는 1000이다(②). 1000에 1을 더하면 1001이다(③). 즉, 1001이 0111의 2의 보수이다.

그렇다면 2의 보수의 결과로 나온 수는 어떤 의미를 가지고 있을까? 1의 보수 또는 2의 보수는 컴퓨터에서 음수를 표현하기 위해 사용된다.

■ 컴퓨터에서의 정수 표현

정수는 양의 정수, 음의 정수, 그리고 0을 포함한다. 컴퓨터는 연속적인 수가 아니라, 이산화된 수를 표현하는데, 2진수만을 사용한다. 2진수로 양의 정수를 표현하거나 0을 표현하는 것은 앞에서 살펴보았다. 음의정수는 2진수로 어떻게 표현할까? 컴퓨터가 음의 부호를 직접 해석할 수 없기 때문에, 음의 정수를 2진수로 표현하기 위해서는 규칙이 필요하다. 컴퓨터가 음수를 인식할 수 있도록 하기 위한 규칙은 3가지가 존재하며 다음과 같다.

1. 부호비트를 사용한 표현
2. 1의 보수를 사용한 표현
3. 2의 보수를 사용한 표현

부호비트를 사용한 수의 표현은 간단하다. 양수일 경우에는 최상위 비트를 0, 음수일 경우에는 최상위 비트를 1로 설정하는 것이다.

[그림 1.2]

위의 그림에서와 같이, 부호비트를 사용하여 수를 표현할 경우, 전체 수는 부호비트와 데이터비트로 구분되며, 최상위 비트가 부호비트이다.

예를 들어 4비트의 공간에서 +7와 -7을 2진수로 표현하면 아래와 같다.

$$+7_{10} = 0111_2$$
$$-7_{10} = 1111_2$$

부호비트를 사용할 경우 2진법으로 수를 표현할 때, 1비트의 메모리 공간이 추가로 필요하다는 것을 확인할 수 있다. 예를 들어 4비트의 공간이 주어진다면, 표현할 수 있는 수의 범위는 -7~+7이며 표현할 수 있는 수는 아래의 표와 같다.

10진수	2진수	10진수	2진수
−7	1111	+0	0000
−6	1110	+1	0001
−5	1101	+2	0010
−4	1100	+3	0011
−3	1011	+4	0100
−2	1010	+5	0101
−1	1001	+6	0110
−0	1000	+7	0111

위의 표로부터 알 수 있는 것은, 메모리 공간이 추가로 1비트만큼 필요한 것 외에, 0을 양수 0(+0)와 음수 0(-0)을 표현할 수 있다는 것이다. 일반적으로 0은 양수와 음수의 개념이 존재하지 않으므로, 부호비트를 사용할 경우 두 개의 0이 존재하는 비효율적인 현상을 확인할 수 있다.

1의 보수를 이용한 수의 표현에 대해 알아보자. 1의 보수를 이용하여 음수를 표현할 경우, 양수로 표현된 2진수의 비트를 거꾸로 바꿔주면 된다. 예를 들어 양수 7을 3비트로 표현하면 111이다. 이 경우 음수 7을 1의 보수를 이용하여 표현하면 000이 되는 것이다. 아래의 표에서 각 수를 1의 보수를 이용하여 음수를 표현해 보자

10진수	2진수	10진수	2진수
−7	000	+0	000
−6	001	+1	001
−5	010	+2	010
−4	011	+3	011
−3	100	+4	100
−2	101	+5	101
−1	110	+6	110
−0	111	+7	111

위의 표를 확인해 볼 때, 1의 보수를 이용한 음수의 표현이 합리적인가? 그렇지 않음을 확인할 수 있다. 예를 들어 +7와 −0이 동일한 2진수로 표현되고, 그 외에도 서로 다른 수가 동일한 2진수로 표현되는 경우를 확인할 수 있다. 2진수로 어떤 수를 표현할 때에는 몇비트로 표현할 것인지, 즉 메모리의 크기도 고려해야 한다. 그렇다면 수를 표현할 수 있는 공간을 1비트 추가하여 다시 1의 보수를 이용한 음수를 표현해 보자.

10진수	2진수	10진수	2진수
−7	1000	+0	0000
−6	1001	+1	0001
−5	1010	+2	0010
−4	1011	+3	0011
−3	1100	+4	0100
−2	1101	+5	0101
−1	1110	+6	0110
−0	1111	+7	0111

4비트의 공간이 주어질 경우, 서로다른 수를 서로다른 2진수로 표현할 수 있음을 확인할 수 있다. 그러나, 이 경우에도 +0와 −0이 존재함을 확인할 수 있다.

2의 보수를 이용한 수의 표현에 대해 알아보자. 2의 보수를 이용하여 음수를 표현할 경우, 1의 보수로 표현한 후 1을 더해주면 된다. 예를 들어 양수 7을 4비트로 표현하면 0111이다. 이 경우 음수 7을 1의 보수를 이용하여 표현하면 1000이 되고, 2의 보수로 표현하면 1001이 된다. 아래의 표에서 각 수를 2의 보수를 이용하여 음수를 표현해 보자.

10진수	2진수	10진수	2진수
−7	1001	+0	0000
−6	1010	+1	0001
−5	1011	+2	0010
−4	1100	+3	0011
−3	1101	+4	0100
−2	1110	+5	0101
−1	1111	+6	0110
−0	10000	+7	0111

위의 표와 같이 표현할 경우 −0을 표현할 때 문제가 발생한다. 4비트의 공간이 주어진 상황에서 −0은 5비트를 사용해야 하므로 −0은 표현할 수가 없다. 그러므로 자연스럽게 2의 보수로 수를 표현할 경우 +0와 −0이 존재하는 문제는 사라진다. 그렇다면 또 한가지 의문이 생긴다. 2진수로 표현할 수 있는 수는 이론상 총 16개인데, 위의 표에서는 현재 15개의 2진수만 사용하고 있다. 즉 1000은 어디에도 존재하지 않는다. 이 1000은 어떤 수일까? 이 1000은 −8에 해당한다. 그 이유는 +8을 2의 보수를 이용하여 −8로 변환해 보자.

$$+8_{10} = 1000$$
$$-8_{10}(2\text{의 보수}) = 0111 + 1 = 1000$$

2의 보수를 사용하면 표현할 수 있는 수의 범위가 −8에서 +7까지가 된다. 부호비트를 사용하거나, 1의 보수를 사용할 경우에는 4비트로 표현할 수 있는 수의 범위는 −7에서 +7까지였는데, 2의 보수를 사용하면 1개의 수를 더 표현할 수 있다는 장점이 있다.

일반적으로 표현할 수 있는 수의 범위는 아래와 같다.

1. 부호비트를 사용한 표현 : $-(2^{n-1}-1)$ 부터 $2^{n-1}-1$
2. 1의 보수를 사용한 표현 : $-(2^{n-1}-1)$ 부터 $2^{n-1}-1$
3. 2의 보수를 사용한 표현 ; -2^{n-1} 부터 $2^{n-1}-1$

부호비트를 사용하거나 1의 보수를 사용할 경우에는 두 개의 0을 표현해야 하는데, 2의 보수를 사용할 경우에는 한 개의 0만 표현하면 되므로, 표현할 수 있는 수가 한 개 더 생기는 것이다.

음수의 합을 계산해 보자. -2와 −4의 합을 계산하면 −6이다. 먼저, 1의 보수를 이용하여 음수의 합을 계산하는 방법을 알아보자.

① -2와 −4를 각각 1의 보수를 이용하여 표현하면 1101와 1011이다.
② 2진수 1101와 1011을 더하면 11000이다.
③ 4비트를 제외한 추가 비트는 1(최상위 비트)을 나머지 4비트인 1000에 더하면 1001이다.
④ 1001은 −6이므로 음수의 합의 결과가 맞음을 확인할 수 있다.

n비트로 표현된 1의 보수로 표현된 음수인 2진수를 10진수로 표현하는 계산식은 아래와 같다.

$$-(2^{n-1}-1)+(\text{데이터 부분 2진수의 10진수 변환값})$$

예를 들어 1001을 10진수로 변환하는 계산식과 결과는 아래와 같다.

$$-(2^{4-1}-1)+(0\times 2^2+0\times 2^1+1\times 2^0)=-6$$

이번에는 2의 보수를 이용하여 음수의 합을 계산하는 방법을 알아보자.

① -2와 −4를 각각 2의 보수를 이용하여 표현하면 1110와 1100이다.
② 2진수 1110와 1100을 더하면 11010이다.
③ 4비트를 제외한 추가 비트 1(최상위 비트)을 버린다.
④ 2의 보수로 표현된 1010은 −6이므로 음수의 합의 결과가 맞음을 확인할 수 있다.

n비트로 표현된 2의 보수로 표현된 음수인 2진수를 10진수로 표현하는 계산식은 아래와 같다.

$$-2^{n-1}+(\text{데이터 부분 2진수의 10진수 변환값})$$

예를 들어 1010을 10진수로 변환하는 계산식과 결과는 아래와 같다.

$$-2^{4-1}+(0\times 2^2+1\times 2^1+0\times 2^0)=-6$$

연습문제

기본문제

1 자연수, 정수, 유리수, 실수의 포함관계를 기호로 나타내라.

2 다음 수들을 유리수와 무리수로 구분하라.

$\sqrt{2}\,,\ -3\,,\ 0.25\,,\ \pi$

3 다음 문장의 참,거짓을 판단하라.

(1) 모든 정수는 유리수이다.

(2) 모든 유리수는 실수이다.

(3) 모든 실수는 자연수이다.

4 다음 10 진수를 2 진수로 변환하라.

19_{10}

5 다음 2 진수를 10 진수로 변환하라.

101011_{2}

6 다음 10 진수 실수를 2 진수로 변환하라.

6.25_{10}

7 다음 2 진수를 8 진수로 변환하라.

1101011_{2}

8 다음 2 진수를 16 진수로 변환하라.

11101010_2

9 10 진수 5 를 4 비트 2 의 보수로 표현하라.

또한 이 값이 양수인지 음수인지 판단하라.

10 4 비트 2 의 보수 표현에서 나타낼 수 있는 정수의 범위를 써라.

심화문제

1 8 비트 2 의 보수 표현에서 -1 을 나타내라.

또한 이 때 모든 비트가 1 이 되는 이유를 써라.

2 10 진수 0.1 이 이진수로 표현될 때 유한소수로 표현되는지, 무한소수로 표현되는지 판단하라.

02

수학적 논리와 명제

논리(logic)는 인간의 의사 표현에 내포되어 있는 법칙으로서, 생각하거나 말하거나 글을 쓰는 등의 활동에 있어서 그 내용을 이치에 맞게 이끌어 가는 원리이다. 올바른 추론을 찾는데에 그 목적이 있기에, 컴퓨터학 뿐 아니라 철학, 수학 등에서도 중요한 역할을 한다.
컴퓨터는 프로그래밍 언어를 활용하여 작성된 명령어들의 나열로 이루어진 프로그램에 의해 작동된다. 이 명령어들은 수학적인 연산을 수행하기 위해 작성된 것들인데, 수학적 모델들은 현실세계 및 현실세계에서 일어나는 현상을 나타내기 위해 만들어진 것이다. 이 수학적 모델들은 명제들의 나열로 표현되는데, 이러한 명제들을 수학적 논리라 한다.

프로그래머 또는 사용자가 원하는대로 컴퓨터 (또는 기계)가 동작하려면 수학적 모델링이 정확하게 이루어져 있어야 하고, 논리적으로 정확하게 정의되어 있어야 한다.

이러한 논리적 정의를 기반으로 이루어진 연산을 논리연산이라 하며, 논리연산은 산술연산과 함께 컴퓨터 시스템이 동작할 수 있도록 만들어주는 대표적인 연산이다. 논리연산은 소프트웨어 뿐 아니라 하드웨어 동작에 대한 기반이 되는 연산이다.

논리는 올바른 추론을 위한 규칙들로 구성되고, 알고리즘 설계, 검증, 디지털 논리회로 설계 등에 적용된다.

■ 명제

명제는 수학적 논리를 구성하는 가장 기본적인 단위의 문장이다. 그리고 이 문장이 참(true) 또는 거짓(false)으로 판별될 수 있다면, 이 문장을 명제(proposition)라 한다. 즉, 명제는 참 또는 거짓을 명확하게 객관적으로 구분할 수 있는 문장 또는 수식을 말한다. 여기서 참 또는 거짓을 진리값(truth value)이라 하고, 디지털 컴퓨터 또는 디지털 논리회로에서 주로 참값은 1(True, T), 거짓은 0(False, F)으로 표현한다.

정의 2.1 명제

진리값을 가지는 문장 또는 수식.

예를 들어 "x+1=3" 이라는 문장은 변수가 지정되지 않았으므로 명제가 아니다. "1+1=1"이라는 수식은 거짓이므로 명제이다(참/거짓이 명확하므로). 즉, 명제는 객관적으로 참 또는 거짓을 판별할 수 있는 문장 또는 수식이라 할 수 있다. 또 다른 예를 들어보자. "|x|+2=3을 만족시키는 복소수 x가 존재한다"는 문장은 참과 거짓을 판별할 수 있는 문장이다. 그러므로

이 문장은 명제이다. 즉, 문장의 참/거짓 여부를 떠나서, 참인지 거짓인지 뚜렷하게 구분이 된다면 그 문장은 명제의 조건을 만족하는 것이다.

■ 논리연산과 진리표

주어진 명제들에 대해서 참 또는 거짓을 판별할 수 있듯이, 여러 가지 명제가 합성되어 있는 경우에도 참과 거짓을 판별할 수 있다. 일반적인 수에 적용되는 연산(예 : 사칙연산)이 있듯이, 명제에 적용되는 연산이 있는데, 이를 논리연산(logical operation)이라 한다. 논리 연산에 사용되는 연산자를 논리연산자(logical operator)라 하며, 대표적인 논리연산은 논리합, 논리곱, 배타적논리합, 부정이 있다.

정의 2.2 논리합 (Disjunction)

문장(명제) p와 q가 있을 때, 논리합은 "p 또는 q (p∨q 또는 p OR q)"라고 쓰고, 명제 p 또는 q 중 하나만 참(T)이면 논리합의 결과 또한 참이 되고, 두 명제 모두 거짓일때만 논리합의 결과가 거짓(F)이 되는 명제.

논리합의 진리표는 [표 2.1]과 같다.

[표 2.1] 논리합 진리표

p	q	p∨q
T	T	T
T	F	T
F	T	T
F	F	F

예 2.1

다음 명제들에 대해 논리합의 진리값을 구하라.

(1) p : 2+3=5, q : 1+1=0

풀이

p는 참이고, q는 거짓이므로, p∨q(2+3=5 이거나 1+1=0이다)는 참이다.

(2) p : 4는 허수이다, q : 2.5는 정수이다

풀이

p는 거짓이고, q는 거짓이므로, p∨q(4는 허수이거나 2.5는 정수이다)는 거짓이다.

정의 2.3 논리곱(conjunction)

명제 p와 q에 대해 "p 그리고 q($p \wedge q$ 또는 p AND q)"를 논리곱이라 하고, p와 q의 진리값이 모두 참일 경우에만 참이 되고, 그렇지 않을 경우에는 거짓이 되는 명제

논리곱의 진리표는 [표 2.2]와 같다.

[표 2.2] 논리곱의 진리표

p	q	$p \wedge q$
T	T	T
T	F	F
F	T	F
F	F	F

예 2.2

다음 명제 p와 q의 논리곱 연산의 결과를 구하라.

(1) p : 4는 정수이다
q : 2.2는 실수이다

풀이

p는 참이고, q는 참이므로 논리곱의 결과값(4는 정수이고, 2.2는 실수이다)은 참이다.

(2) p : x+1=3을 만족하는 자연수 x가 존재한다
q : x+1=0을 만족하는 자연수 x가 존재한다

풀이

p는 참이고 q는 거짓이므로 논리곱의 결과는 거짓이다.

정의 2.4 배타적 논리합(Exclusive logical sum)

명제 p, q에 대하여, 두 명제 중 하나의 진리값 중 한 개만 참일 경우 배타적 논리합의 결과가 참이 되고, 그렇지 않을 경우에는 거짓이 되는 명제

배타적 논리합은 Exclusive OR 또는 XOR로 표기하고, 두 명제의 진리값이 동일하면 그 결과는 거짓이고, 두 명제의 진리값이 다르면 그 결과는 참이 되는 명제가 된다. 배타적 논리합의 진리표는 [표 2.3]과 같다.

[표 2.3] 배타적 논리합의 진리표

p	q	$p \oplus q$
T	T	F
T	F	T
F	T	T
F	F	F

정의 2.5 **부정**

명제 p에 대하여 "p가 아니다'를 의미하며, p의 진리값의 반대값을 가지는 명제

부정 연산자의 진리표는 [표 2.4]와 같다.

[표 2.4] 부정연산의 진리표

p	$\neg p$
T	F
F	T

배타적 논리합은 부정, 논리합, 논리곱 연산을 활용하여 다음과 같이 표현할 수 있으며, [표 2.5]와 같이 증명할 수 있다.

$$p \oplus q = (\neg p \wedge q) \vee (p \wedge \neg q)$$

[표 2.5]

p	q	$\neg p$	$\neg q$	$\neg p \wedge q$	$p \wedge \neg q$	$(\neg p \wedge q) \vee (p \wedge \neg q)$
T	T	F	F	F	F	F
T	F	T	T	T	T	T
F	T	T	F	F	F	T
F	F	F	T	T	F	F

합성명제는 하나 이상의 명제들이 하나 이상의 논리연산에 의해 결합된 명제를 뜻한다. 그러므로 합성명제의 진리값은 각각의 명제의 진리값들을 결합하여 구할 수 있다. 산술연산과 마찬가지로, 논리연산에서도 연산자의 우선순위가 있다. 그 순서는 괄호연산, 부정연산(NOT), 논리곱(AND), 논리합(OR) 순이다.

정의 2.6 **조건명제(conditional proposition)**

명제 p와 q에 대하여 "p이면 q이다 ($p \rightarrow q$)" 인 명제

조건 명제 $p \rightarrow q$는 가정이 되는 명제인 p가 참이고, 결론이 되는 명제 q가 거짓일 경우에만 거짓이고, 그 외에는 모두 참이다. 조건명제의 진리표는 [표 2.6]과 같다.

[표 2.6]

p	q	p→q
T	T	T
T	F	F
F	T	T
F	F	T

"p이면 q이다"는 "p이면 q가 아닌 것은 없다"와 동일한 의미이므로 다음과 같이 표현할 수 있다.

$$\neg(p \wedge \neg q) \equiv \neg p \vee \neg(\neg q) \equiv \neg p \vee q$$

조건 명제는 원인과 결과의 관계에 기반하여 참과 거짓을 판별하는 일상적인 논리와는 다르며, 수학적 논리의 측면에서 추상적 개념을 기본적 형식으로 규정한 것으로 이해할 수 있다.

"p이면 q이다"라는 것은 "p는 q를 함축한다"라는 의미이며 이것을 논리 함축(implication)이라 한다. 조건명제에서는 조건이 되는 명제 p와 결과가 되는 명제 q 사이에 반드시 내용상의 연관성이 있을 필요는 없다.

조건명제 $p \rightarrow q$과 아래의 문장들은 동일한 의미를 가진다.

① p는 q의 충분조건이다

② q는 p의 필요조건이다

③ 만약 p가 참이라면 q는 참이다

예 2.3

다음의 조건명제($p \rightarrow q$)의 진리값을 구하라.

(1) p : 4는 음수이다, q : 0은 정수이다

풀이

명제 p는 거짓이다. 명제 q는 참이다. 그러므로 $p \to q$는 참이다.

(2) p : 대한민국의 수도는 서울이다. q : 미국의 수도는 뉴욕이다.

풀이

명제 p는 참이다. 명제 q는 거짓이다. 가정이 되는 명제는 참이지만, 결과 명제는 거짓이므로, $p \to q$는 거짓이다.

예 2.4

$(p \to q) \wedge (q \to p)$의 진리표를 작성하라.

풀이

p	q	$p \to q$	$q \to p$	$(p \to q) \wedge (q \to p)$
T	T	T	T	T
T	F	F	T	F
F	T	T	F	F
F	F	T	T	T

참고로 위의 예제 ([예 2.3])에서 구한 진리표의 결과와 동일한 명제를 쌍방조건명제(Biconditional Proposition)이라 하고 $p \leftrightarrow q$로 표기한다.

쌍방조건명제 $p \leftrightarrow q$는 아래의 문장과 동일한 의미를 가진다

① p는 q의 필요충분조건이다

② q는 p의 필요충분조건이다

③ p와 q는 동치관계이다

조건명제 $p \to q$에 대해, 역(converse), 이(inverse), 대우(contraposition)의 형태로 표현할 수 있으며 역은 $q \to p$, 이는 $\neg p \to \neg q$, 대우는 $\neg q \to \neg p$로 정의한다.

[표 2.7]

p	q	$p \to q$	$q \to p$ (역)	$\neg p \to \neg q$ (이)	$\neg q \to \neg p$ (대우)
T	T	T	T	T	T
T	F	F	T	T	F
F	T	T	F	F	T
T	F	T	T	T	T

명제 p에 대해 $p \lor (\sim p)$는 항상 참이고, $p \land (\sim p)$는 항상 거짓이다. 전자를 항신 명제라 하고, 후자를 모순 명제라 한다.

■ 논리적 동치

정의 2.7 논리적 동치

두 명제 또는 두 개의 합성명제 P와 Q의 진리값이 같을 경우 두 명제는 논리적으로 동치(Logically Equivalent)이다.

P와 Q가 논리적으로 동치일 경우 $P \equiv Q$로 표기한다. 두 개 이상의 명제가 동치인지 확인 하는 방법은 진리표를 활용하여 진리값을 비교하거나, 논리적 동치법칙을 이용하여 판별하는 것이다.

[표 2.7]에서는 $p \to q$ 와 대우(contrapositive)가 논리적 동치이고, 역(converse)과 이(inverse)가 논리적 동치임을 확인할 수 있다.

예 2.5

$p \to q$와 $\neg p \lor q$가 동치임을 진리표를 이용해서 증명하라.

풀이

p	q	$p \to q$	$\neg p$	$\neg p \lor q$
T	T	T	F	T
T	F	F	F	F
F	T	T	T	T
F	F	T	T	T

예 2.6

$\neg(p \lor q) \equiv \neg p \land \neg q$임을 진리표를 이용해서 증명하라.

풀이

p	q	$p \lor q$	$\neg(p \lor q)$	$\neg p$	$\neg q$	$\neg p \land \neg q$
T	T	T	F	F	F	F
T	F	T	F	F	T	F
F	T	T	F	T	F	F
F	F	F	T	T	T	T

진리표를 이용하는 방법과 더불어, 논리적 동치법칙을 이용하여 두 개의 합성명제의 동치를 판별하는 방법이 있다. [표 2.8]은 논리적 동치법칙을 정리한 것이다.

[표 2.8]

동치	법칙 이름
$p \wedge T \equiv p$, $p \vee F \equiv p$	항등법칙(Identity Law)
$p \vee T \equiv T$, $p \wedge F \equiv F$	지배법칙(Domination Law)
$p \vee p \equiv p$, $p \wedge p \equiv p$	멱등법칙(Idempotent Law)
$\neg(\neg p) \equiv p$	이중부정법칙(Double negation Law)
$p \vee \neg p \equiv T$, $p \wedge \neg p \equiv F$	부정법칙(Negation Law)
$\neg(p \vee q) \equiv \neg p \wedge \neg q$ $\neg(p \wedge q) \equiv \neg p \vee \neg q$	드모르간 법칙(De Morgan's Law)
$p \rightarrow q \equiv \neg p \vee q$	함축법칙(Implication Law)
$p \vee q \equiv q \vee p$, $p \wedge q \equiv q \wedge p$	교환법칙(Commutative Law)
$(p \vee q) \vee r \equiv p \vee (q \vee r)$ $(p \wedge q) \wedge r \equiv p \wedge (q \wedge r)$	결합법칙(Associative Law)
$p \vee (q \wedge r) \equiv (p \vee q) \wedge (p \vee r)$ $p \wedge (q \vee r) \equiv (p \wedge q) \vee (p \wedge r)$	분배법칙(Distributive Law)
$p \wedge \neg p \equiv F$ $p \vee \neg p \equiv T$ $\neg T \equiv F$ $\neg F \equiv T$	여 법칙(Complement Law)

예 2.7

다음의 합성명제를 논리적 동치법칙을 이용하여 동치인 명제를 표현하라.

(1) $r \rightarrow s$

풀이

$r \rightarrow s \equiv \neg r \vee s$ [Law of Implication]

$\equiv s \vee \neg r$ [Commutativity of $\vee$]

$\equiv \neg\neg s \vee \neg r$ [Double Negation]

$\equiv \neg s \rightarrow \neg r$ [Law of Implication]

(2) $\neg(p \wedge q) \vee (p \wedge q)$

풀이

$\neg(p \wedge q) \vee (p \wedge q) \equiv (p \wedge q) \vee \neg[(p \wedge q)]$ (commutative law)

$\equiv T$ (negation law)

(※ 연산자의 우선순위는 () 다음 부정연산(¬), 그리고 AND(∧)와 OR(∨) 연산이다)

(3) $\neg(p \rightarrow q) \rightarrow \neg q$

풀이

$\equiv \neg(\neg p \vee q) \rightarrow \neg q$ (Implication law)

$\equiv \neg(\neg(\neg p \vee q)) \vee \neg q$ (Implication law)

$\equiv (\neg p \vee q) \vee \neg q$ (Double negation law)

$\equiv \neg p \vee (q \vee \neg q)$ (Associative Law)

$\equiv \neg p \vee T$ (Complement Law)

$\equiv T$ (Domination Law)

(4) $p \rightarrow (q \rightarrow p)$

풀이

$\equiv p \rightarrow (\neg q \vee p)$ (Implication Law)

$\equiv \neg p \vee (\neg q \vee p)$ (Implication Law)

$\equiv \neg p \vee (p \vee \neg q)$ (commutative Law)

$\equiv (\neg p \vee p) \vee (\neg p \vee \neg q)$ (Distributive Law)

$\equiv T \vee (\neg p \vee \neg q)$ (Complement Law)

$\equiv T$

■ 술어 논리

앞에서 공부한 것은 명제논리에 관한 것이었다. 논리는 크게 명제논리와 술어논리로 나눌 수 있는데, 여기서는 술어논리에 대해 알아본다. 어떤 변수 x에 대한 p(x)를 술어 또는 명제술어(propositional predicate)라 하고, 명제 술어에 대한 논리를 술어논리(predicate logic)라 한다.

예 2.8

변수 x에 대해 x+1>0을 p(x)라 할 경우 진리값을 구하라.

풀이

변수 x에 대해 x+1>0을 만족하려면, 실수 x가 -1보다 클 경우에만 참(true)이다. 실수 x가 -1보다 작을 경우에는 술어 p(x)는 거짓이다.

예 2.9

양의 실수 x에 대해 p(x) = $x^2 > 0$일 경우 p(x)의 진리값을 구하라.

풀이

x가 양의 실수인 경우 p(x)는 항상 양의 실수이므로, 모든 x에 대해 p(x)는 참이다.

위의 예제에서와 같이, p(x)를 참값으로 만들어 주는 x가 존재하는데, 술어 p(x)를 나타내는 방법 중, p(x)의 진리값에 대해 변수 x의 범위를 한정시키는 것을 술어 한정자(predicate quantifier)라 한다. 술어 한정자에는 위의 예 2.8처럼, 특정 변수에 대해서만 p(x)가 참값을 가지는 존재한정자(existential quantifier)가 있고, 예 2.9처럼 모든 변수에 대해서 p(x)가 참값을 가지는 전체한정자(universal quantifier)가 있다.

전체한정자에 대해서 p(x)는 "모든 x에 대하여 p(x)는 참이다"라는 명제로 나타나고, 존재한정자에 대해서 p(x)는 "p(x)가 참인 어떤 x가 존재한다" 또는 "어떤 x에 대해 p(x)가 참인 x가 존재한다"라는 명제로 나타난다. 일반적으로 "모든 x"는 "∀x"로 표기하고, 존재한정자 x인 "어떤 x"는 "∃x"로 표기한다.

예 2.10

실수 x에 대해 p(x)는 $x^2-2x+1=0$일 경우에 대해 다음 명제의 진리값을 구하라

(1) $\forall x\, p(x)$

풀이

$x^2-2x+1=0$을 만족하는 실수는 x=1이고 그 외에는 만족하지 않는다. 즉, 모든 x에 대해 p(x)가 참은 아니므로 $\forall x\, p(x)$은 거짓이다.

(2) $\exists x\, p(x)$

풀이

$x^2-2x+1=0$을 만족하는 실수는 x=1이다. 즉, p(x)는 참을 만족하는 변수 x가 존재하므로 $\exists x\, p(x)$는 참이다.

$\forall x\, p(x)$는 "모든 x에 대해서 p(x)는 참이다"라는 명제이다. 이 명제의 반대는 "어떤 x에 대해, p(x)가 거짓인 x가 존재한다"이므로 $\exists x\ \neg p(x)$이다.

$\exists x\, p(x)$는 "어떤 x에 대해 p(x)는 참인 x가 존재한다"라는 명제이다. 이 명제의 반대는 "모든 x에 대해, p(x)는 거짓이다"이므로 $\forall x\ \neg p(x)$ 이다.

■ 증명 및 추론

증명은 논리적인 법칙을 이용하여 결론을 유도하는 추론의 방법이며, 논리적인 추론을 증명이라 하며, 참인 명제를 근거로 다른 명제가 참임을 유도하는 방식을 추론이라 한다. 예를 들어 명제 P가 참임을 근거로 하여 다른 명제 Q가 참인 것을 유도하는 것이 추론이다. 추론에서는 가정에 해당하는 명제 P가 참일 경우 그 결론인 Q가 참인 것을 유도하므로, 가정에 해당하는 명제 P는 항상 참(True)인 것으로 간주한다.

특히 전제인 P가 참일 때, 결론인 Q가 모두 참인 추론을 유효추론이라 한다. 그리고, 전제인 P가 참일 때, 결론인 Q가 거짓인 경우가 하나라도 존재하는 추론을 허위추론이라 한다.

예를 들어, 조건 명제 p→q에서 p가 참이고 p→q가 참일 때, 결론인 q도 참인 경우, 이 추론은 유효추론이 된다. 그러나 p가 참이고, p→q가 참일 때, 결론인 q가 참이 아닌 경우, 즉 거짓인 경우가 있다면 이것은 허위추론이 된다.

예 2.11

전제	전제	결론
p	p→q	q
T	T	T
T	F	F
F	T	T
F	T	F

풀이

여기서 전제에 해당하는 p와 p→q가 참일 경우 결론에 해당하는 q는 항상 참이다. 그러므로 이 추론은 정당한 추론이므로 유효추론이다.

예 2.12

전제	전제	결론
p	p→q	q
T	T	T
F	F	T
T	T	F
F	T	F

풀이

여기서 전제에 해당하는 p와 p→q가 모두 참일 경우 결론에 해당하는 q는 F인 경우가 존재하므로,

이 추론은 허위추론이다.

예 2.13

$p \to q$가 참이고, $\neg q$가 참일 경우 $\neg p$가 참인지 판별하라. 즉, 유효추론인지 판별하라.

풀이

이 문제는 전제인 $p \to q$와 $\neg q$ 참일 경우 결론인 $\neg p$이 참인지 확인하는 문제이다. 이것을 조건명제로 표현하면 다음과 같다.

$$[(p \to q) \wedge \neg q] \to \neg p$$

진리표를 이용해서 확인할 수 있다.

p	q	$\neg p$	$\neg q$	$(p \to q)$	$(p \to q) \wedge \neg q$	$[(p \to q) \wedge \neg q] \to \neg p$
T	T	F	F	T	F	T
T	F	F	T	F	F	T
F	T	T	F	T	F	T
F	F	T	T	T	T	T

진리표로부터, 이 추론은 유효추론임을 확인할 수 있다.

[표 2.9]는 명제 논리에 대한 추론 규칙 몇 가지를 나타낸다.

[표 2.9]

추론 명칭	추론규칙	항진 명제
긍정논법	p $p \to q$ $\therefore q$	$(p \wedge (p \to q)) \to q$
부정논법	$\neg q$ $p \to q$ $\therefore \neg p$	$(\neg q \wedge (p \to q)) \to \neg p$
가설적 삼단논법	$p \to q$ $q \to r$ $\therefore p \to r$	$((p \to q) \wedge (q \to r)) \to (p \to r)$
논리합 삼단논법	$p \vee q$ $\neg p$ $\therefore q$	$((p \vee q) \wedge \neg p) \to q$
가산논법	p $\therefore p \vee q$	$p \to (p \vee q)$
단순화 논법	$p \wedge q$ $\therefore p$	$(p \wedge q) \to p$

추론 명칭	추론규칙	항진 명제
논리곱 논법	p q $\therefore p \wedge q$	$(p \wedge q) \rightarrow (p \wedge q)$
융해법	$p \vee q$ $\neg p \vee r$ $\therefore q \vee r$	$((p \vee q) \wedge (\neg p \vee r)) \rightarrow (q \vee r)$

연습문제

기본문제

1 명제의 정의를 간단히 써라.

2 다음 문장 중 명제인 것과 명제가 아닌 것을 구분하라.

(1) $2+3=5$　　(2) $x+1=3$

(3) 오늘은 비가 온다.　　(4) 4 는 짝수이다.

3 다음 명제의 진리값을 판단하라.

(1) 7 은 소수이다.　　(2) -3 은 자연수이다.

4 명제 p :"5 는 홀수이다"의 부정을 써라.

5 다음 명제 p, q에 대하여 논리곱($p \wedge q$)의 진리값을 판단하라.

p : 4 는 정수이다.　q : 4 는 소수이다.

6 다음 명제 p, q에 대하여 논리합($p \vee q$)의 진리값을 판단하라.

p : 3 는 짝수이다.　q : 5 는 홀수이다.

7 다음 조건명제의 진리값을 판단하라.

p : 2 는 짝수이다.　q : 2 는 홀수이다.　명제 : p → q

8 조건명제 p → q의 대우를 써라.

9 다음 술어 $p(x)$ 에 대하여 명제의 진리값을 판단하라.

$$p(x) \ : \ x^2 = 4\,(x \text{는 정수})$$

(1) $\forall x\ p(x)$ (2) $\exists x\ p(x)$

10 다음 추론이 유효한지 여부를 판단하라.

전제1 : p → q 전제2 : p 결론 : q

심화문제

1 조건명제 p → q가 거짓이 되는 경우를 p, q의 진리값으로 나타내라.

2 명제 p → q와 그 대우가 항상 같은 진리값을 가지는 이유를 써라.

03

증명

증명은 추론의 한 방법이다. 그러므로 논리적인 추론이 증명이라고 할 수 있으며, 어떤 명제가 참이라는 것을 확인하는 과정이 증명이라 할 수 있다.

증명을 하기 위해서는 공리, 정의, 정리 등에 대한 개념이 필요하다.

정의 3.1 공리(Axiom)

항상 참으로 간주되는 명제로서 증명이 필요없다.

공리의 대표적인 예로는 "확률값은 항상 0보다 크거다 같다", "모든 사건이 일어날 확률을 합하면 1이다"와 같은 것들이다.

정의 3.2 정의(Definition)

용어의 뜻을 명확하게 한 것이다. 용어, 기호 등의 의미를 명확하게 규정한 문장 또는 수식이다

정의 3.3 정리(Theorem)

공리와 정의를 이용하여 참이라고 확인되는 문장 또는 수식

증명을 하는 방법은 직접증명법, 간접증명법, 존재증명법, 수학적 귀납법, 대우를 이용한 증명법, 배리법 등이 있다.

■ 직접증명법

정의 3.4 직접증명법

조건 명제 $P \rightarrow Q$가 참임을 증명하기 위해, 명제 P로부터 유효한 추론을 사용하여 Q를 연역하는 방법.

예 3.1

두 홀수의 합은 짝수임을 증명하라

풀이

p : 두 개의 정수 m, n은 홀수이다.

q : m와 n의 합은 짝수이다

m와 n은 홀수이므로 아래와 같이 표현할 수 있다.

$m = 2k+1,\ n = 2l+1,\ k,l \in \mathbb{Z}$(정수)

m와 n의 합은 아래와 같다.

m+n = 2k+1+2l+1 = 2(k+l)+2 = 2(k+l+1)

k+l+1은 정수이므로, 정수에 2를 곱하면 언제나 짝수가 된다. 그러므로 p→q는 참이다.

예 3.2

x와 y가 정수이고, x^2+y^2은 짝수일 경우 $x+y$는 짝수임을 증명하라

풀이

p : x와 y는 정수이고 x^2+y^2은 짝수이다.

q : x+y는 짝수이다

x와 y는 정수이므로 x^2+y^2는 정수이면서 짝수이다.

x^2+y^2는 짝수일 경우, x^2와 y^2은 모두 짝수이거나, 모두 홀수이다.

만약 x^2와 y^2이 모두 짝수라면, x와 y 또한 모두 짝수이다. 만약 x^2와 y^2이 모두 홀수라면, x와 y는 모두 홀수이다.

만약 x와 y는 모두 짝수라면 x+y는 짝수이다. 만약 x와 y는 모두 홀수라면 x+y는 짝수이다.

그러므로 "x와 y가 정수이고, x^2+y^2은 짝수일 경우 x+y는 짝수이다"라는 조건명제는 참(True)임을 확인할 수 있다.

■ 간접증명법

"p이면 q이다"를 직접증명법으로 증명하는 방법도 있지만, 때로는 직접증명법을 이용하여 증명하기 어려운 경우도 있다. 이러할 경우 "p이면 q이다"와 동치인 명제를 만들어서 증명할 수 있는데 이러한 증명법을 간접증명법이라 한다. 간접증명법에는 대우를 이용한 증명, 모순을 이용하여 증명하는 배리법(귀류법) 등이 있다.

정의 3.5 대우증명법

조건명제 "p이면 q이다"의 대우인 "¬q이면 ¬p이다"가 "p이면 q이다"와 동치임을 이용하여 증명하는 방법

조건명제 p→q와 이것의 대우인 ¬q→¬p는 동일한 진리값을 가지므로 동치이다. 그러므로 p→q가 참임을 증명하기 위해서 p→q임을 직접 증명하는 대신 ¬q→¬p가 참임을 증명함으로서 p→q가 참임을 증명하는 것이 대우를 이용한 증명법(contrapositive proof)이다. 동일한

방법으로 p→q가 거짓임을 증명하기 위해 ¬q→¬p가 거짓임을 증명하는 것 또한 대우에 의한 증명법이다.

예 3.3

"자연수 n이 2가 아닌 소수(prime number)라면 n은 홀수이다"를 증명하라.

풀이

대우를 이용하여 이 명제가 참임을 증명해 보자.

주어진 조건 명제 p→q는 다음과 같이 표현할 수 있다.

p : 자연수 n은 2가 아닌 소수이다.

q : n은 홀수이다.

p→q의 대우 ¬q→¬p은 "n은 짝수이면 n은 2이거나 소수가 아니다"이다.

n이 짝수라면 n=2k(k는 자연수)이다. k=1일 경우 n=2이고, k가 1이 아닌 자연수라면 n=2보다 큰 짝수이다. n=2k가 2보다 큰 짝수라면 n은 2와 k로 나누어 지므로 소수가 아니다.

그러므로 대우명제 ¬q→¬p가 참임을 증명하였으므로, 동치인 명제 p→q도 참이다.

예 3.4

정수 x에 대하여 "만약 7x+9가 짝수라면, x는 홀수이다"를 증명하라.

풀이

주어진 조건 명제 p→q는 다음과 같은 조건명제로 표현할 수 있다.

p : 7x+9는 짝수이다.

q : x는 홀수이다.

대우를 이용하여 증명을 한다면 ¬q→¬p가 참임을 증명해야 한다.

¬q→¬p은 "x가 홀수가 아니라면 7x+9는 짝수가 아니다"이다. 즉 "x가 짝수라면, 7x+9는 홀수이다"이다. x가 짝수라면 x=2k(k는 정수)로 표현할 수 있고, 7x+9 = 7(2k)+9 = 14k+9이다. 14k+9 = 2(7k+4)+1이므로, 짝수에 1을 더하면 홀수가 된다. 그러므로 ¬q→¬p은 참임이 증명되었고 동치인 p→q도 참이다.

예 3.5

$y^3+yx^2 \geq x^3+xy^2$이면 $y \leq x$임을 증명하라.

풀이

문제에서 주어진 조건명제를 조건명제 p→q로 표현하면 아래와 같다.

p : $y^3+yx^2 \geq x^3+xy^2$ 이다

q : $y \geq x$ 이다.

대우를 이용하여 증명한다면 ¬q→¬p가 참임을 증명해야 한다.

¬q : $y < x$ 이다

¬p : $y^3 + yx^2 < x^3 + xy^2$

$y^3 + yx^2 < x^3 + xy^2$은 $y^3 + yx^2 - x^3 - xy^2 < 0$이다.

이 식을 다시 정리하면 $(y-x)(y^2+x^2) < 0$ 이다.

y가 x보다 작다면 $(y-x)(y^2+x^2) < 0$은 참이다.

그러므로 조건명제 p→q는 대우를 이용한 증명법을 통하여 참임을 알 수 있다.

정의 3.6 **배리법(귀류법)**

배리법은 조건명제 P→Q가 참임을 증명하기 위하여 ¬(P→Q)가 거짓임을 증명하는 방법이다.

배리법을 이용한 증명은 ¬(P→Q)가 거짓임을 증명하여 P→Q가 참임을 증명하는 것인데, ¬(P→Q)의 동치인 P∧¬Q가 거짓임을 증명해도 된다(P→Q와 ¬(P∧¬Q)는 동치).

예 3.6

두 짝수의 곱은 짝수가 됨을 배리법을 이용하여 증명하라.

풀이

두 정수를 각각 m와 n이라 하자. 증명해야 할 조건명제 p→q는 아래와 같다.

p : 두 정수 m,n은 모두 짝수이다

q : m와 n의 곱은 짝수이다.

p→q가 참임을 증명하기 위해 p∧¬q가 거짓임을 증명한다. p와 ¬q는 아래와 같다.

p : 두 정수 m,n은 모두 짝수이다

¬q : m와 n의 곱은 홀수이다.

명제 p와 ¬q는 양립할 수 없다. 그러므로 두 명제의 논리곱은 거짓(F)이므로 배리법에 의해 p∧¬q는 거짓이므로 p→q는 참임이 증명되었다.

예 3.7

자연수 n이 짝수이면 n=2이거나 소수가 아님을 배리법을 이용하여 증명하라.

풀이

주어진 문장을 조건 명제 p→q로 표현하면 아래와 같다.

p : 자연수 n은 짝수이다

q : n=2이거나 소수가 아니다.

¬q : n은 2가 아니고 소수이다.

p∧¬q : n은 짝수이고 2가 아닌 소수이다.

n은 짝수이므로 n=2k(k : 자연수)로 표현할 수 있다. 2k는 k=1인 경우 2이고, k=1보다 큰 자연수에 대해서 2k는 k로 나누어 떨어지기 때문에 소수가 아니다. 그러므로 p∧¬q은 거짓이므로 배리법에 의해 p→q는 참이다.

■ 존재증명법/반례증명법/수학적 귀납법

존재증명법은 주어진 명제가 참이 되도록 하는 예를 찾아서 그 명제가 참임을 증명하는 방법이다. 예를 들면 두 무리수 a와 b에 대해, a+b는 유리수가 되는 a, b를 찾아야 한다고 가정하자. 이때, $a = \sqrt{2}, b = -\sqrt{2}$ 일 경우, a+b=0으로서, 유리수가 되므로, a와 b의 존재를 찾아냄으로서, a+b는 유리수가 되는 a,b가 존재함을 증명한 것이다.

반례증명법은 주어진 명제에 대해 모순이 되는 예를 찾아서 그 명제가 거짓임을 증명하는 방법이다. 반례증명법에서는, 주어진 명제가 거짓임을 밝히는 예시를 한 개만 찾으면 그 명제는 거짓임이 증명된다.

예를 들어, "모든 실수 a,b에 대하여 a>b이면 $a^2 > b^2$이다"를 증명할 경우, a가 -2, b가 4일 경우 이 명제는 거짓임을 확인 할 수 있다. 이렇게, 주어진 명제가 성립되지 않는, 즉 모순되는 예를 찾아서 증명하는 것이 반례증명법이다.

수학적 귀납법(Mathematical Induction)은 첫 번째 단계인 기본가정이 참이고, 임의의 n번째 단계에서의 가정이 참이라고 가정할 경우 n+1번째 가정이 참임을 증명하는 방법이다. 연역 논증의 한 종류이며, 증명과정이 타당할 경우 그 결론도 타당하다는 측면에서 완전귀납버이라고도 한다.

수학적 귀납법의 증명과정은 다음과 같다.

① 기본가정 : 초기값 $n = n_0$에 대하여 명제 P(n_0)가 참(True)임을 증명한다

② 귀납가정 : 임의의 값 k에 대하여 명제 P(k)가 참이라 가정한다

③ 귀납증명 : 기본가정과 귀납가정을 이용하여 k+1에 대하여 P(k+1)이 참임을 증명한다.

예 3.8

자연수 n에 대해서 1+2+3+.....+n = n(n+1)/2 임을 수학적 귀납법을 이용하여 증명하라.

풀이

① 기본가정 : 초기값 1에 대해 P(1) = 1(1+1)/2 = 1이므로 P(1)은 참이다.

② 귀납가정 : 임의의 자연수 k에 대해 P(k) = 1+2+3+...+k = k(k+1)/2 는 참이라 가정한다.

③ 귀납증명 : 자연수 k+1에 대해 P(k+1) = 1+2+3+....+k+k+1 = k(k+1)/2+k+1

$= \frac{k(k+1)}{2}+k+1 = \frac{k(k+1)+2k+2}{2} = \frac{k^2+k+2k+2}{2} = \frac{(k+1)(k+1+1)}{2}$ 이다.

그러므로 $P(k+1) = \frac{(k+1)(k+2)}{2}$ 는 참이다.

그러므로 자연수 n에 대해 1+2+....+n = n(n+1)/2임이 증명되었다.

예 3.9

자연수 n에 대해서 $10^{2n-1}+1$은 11로 나누어 떨어짐을 수학적 귀납법을 이용하여 증명하라.

풀이

① 기본가정 : 초기값 1에 대해 P(1) = $10^{2-1}+1 = 11$ 이다. 11은 11로 나누어 떨어지므로 참이다.

② 귀납가정 : 자연수 k에 대해 P(k) = $10^{2k-1}+1$은 11로 나누어 떨어짐이 참이라고 가정한다

③ 귀납증명 : 자연수 k+1에 대해 P(k+1) $= 10^{2(k+1)-1}+1 = 10^{2k+2-1}+1 = 10^{2k-1}10^2+1$
$= 100(10^{2k-1}+1-1)+1 = 100(11m-1)+1$
$= 11\times 100m - 99 = 11\times q$

이다 (m,q 모두 자연수). k+1에 대해서도 P(k+1)은 참임을 증명하였다.

그러므로 자연수 n에 대하여 P(n)은 참임을 증명하였다.

연습문제

기본문제

1 정의와 정리의 차이를 간단히 써라.

2 다음 명제를 증명할 때 가장 적절한 증명 방법을 써라.

'두 짝수의 합은 짝수이다.'

3 다음 조건명제에서 조건p와 결론q를 각각 써라.

'x 가 짝수이면 x^2 은 짝수이다.'

4 직접증명법의 핵심 아이디어를 한 문장으로 써라.

5 다음 명제를 증명할 때 대우증명법이 적절한 이유를 써라.

'자연수n 이 짝수가 아니면 n 은 홀수이다.'

6 다음 명제를 직접증명법으로 증명하라.

'두 홀수의 합은 짝수이다.'

7 다음 명제를 대우를 이용하여 증명하라.

'정수n 에 대하여 n^2 이 홀수이면 n 은 홀수이다.'

8 다음 명제를 귀류법(베리법)을 이용하여 증명하라.

'$\sqrt{2}$ 는 무리수이다.'

9 **다음 명제가 거짓임을 보이기 위한 반례를 하나 제시하라.**

'모든 실수 x 에 대하여 $x^2 \geq x$ 이다.'

10 **다음 명제를 수학적 귀납법으로 증명하라.**

$$1+2+3+\cdots+n=\frac{n(n+1)}{2}$$

심화문제

1 **다음 명제를 증명할 때 가장 적절한 증명 방법을 써라.**

'정수 n 에 대하여 n^2 이 짝수이면 n 은 짝수이다.'

2 **다음 명제가 거짓임을 보이기 위한 반례를 하나 써라.**

'모든 실수 x 에 대하여 $x^2 \geq 2x$ 이다.'

04

집합

■ 집합과 원소의 개념

집합(set)은 어떤 조건을 만족하는 원소(element)들의 모임이다. 이 원소들은 어떤 주어진 조건 또는 기준에 의해 명확하게 분류되며, 같은 집합에 소속된 원소들은 공통된 성질을 가지고 있다. 집합은 일반적으로 영문 대문자로 표기하고, 원소는 영문 소문자로 표기한다.

집합을 표현 또는 정의 하는 방법에는 세가지가 있다. 첫 번째는 원소나열법이고, 두 번째는 조건제시법이며, 세 번째는 벤다이어그램(Venn Diagram)을 활용하는 방법이다.

예를 들어 집합 A = {2,4,6,8,10}이라 하자. 위에서 언급한 세가지 방법을 이용하여 A를 표현하면 아래와 같다

(1) 원소나열법 : A에 소속된 원소들을 단순히 나열하는 방법이다.

$$A = \{2,4,6,8,10\}$$

(2) 조건제시법 : A에 소속된 원소들의 공통된 성질을 기술 또는 원소들이 공통적으로 만족하는 조건을 제시하여 나타내는 방법이다.

$$A = \{a \mid 0 \leq a \leq 10,\ a=2k,\ k\text{는 정수}\}$$

a는 집합 A의 원소를 대표하는 변수이고, "$0 \leq a \leq 10$, a=2k, k는 정수"는 원소들의 공통된 특징을 나타낸다. 이것은 "집합 A는 0이상 10 이하의 짝수임을 만족하는 모든 a의 집합"을 의미한다.

(3) 벤다이어그램 : 집합과 원소의 관계를 그림으로 표현하는 방법이다.

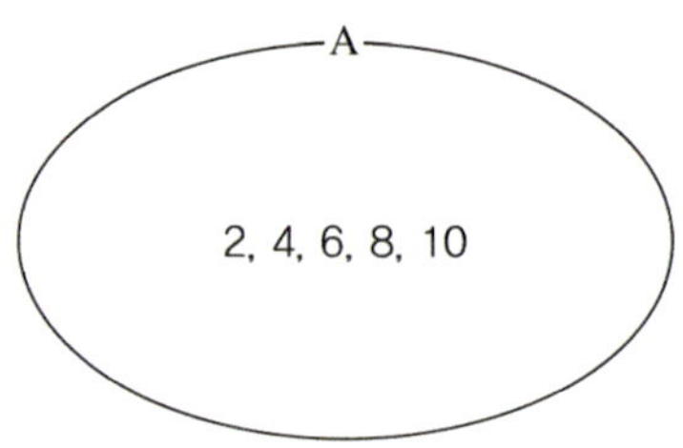

일반적으로, 벤다이어그램을 사용하여 집합을 표기할 경우에는 전체집합과, 전체집합에 속한 집합들 간의 관계를 함께 표현하는 경우가 많다. 전체집합을 U, U에 속한 집합을 A와 B라고 할 때, 아래와 같은 그림처럼 벤다이어그램으로 집합을 표기할 수 있다.

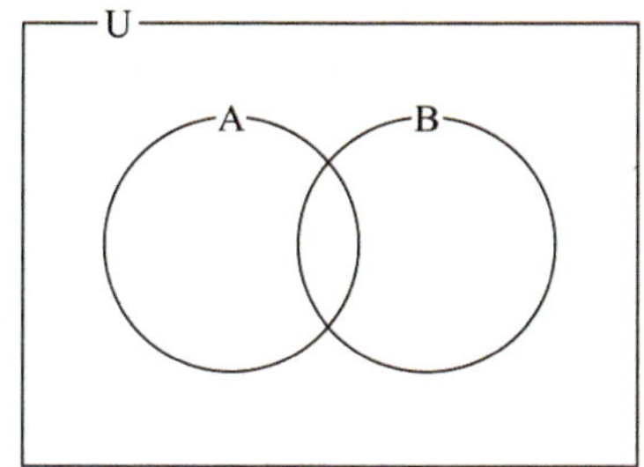

예 4.1

(1) 영문자들 중 모음으로 이루어진 집합을 표현하라.

풀이

- 원소나열법으로 표현할 경우 : C = {A, E, I, O, U, a, e, i, o, u}
- 조건제시법으로 표현할 경우 : C = {c | c는 영문 소문자 및 대문자 모음}
- 벤다이어그램으로 표현할 경우 :

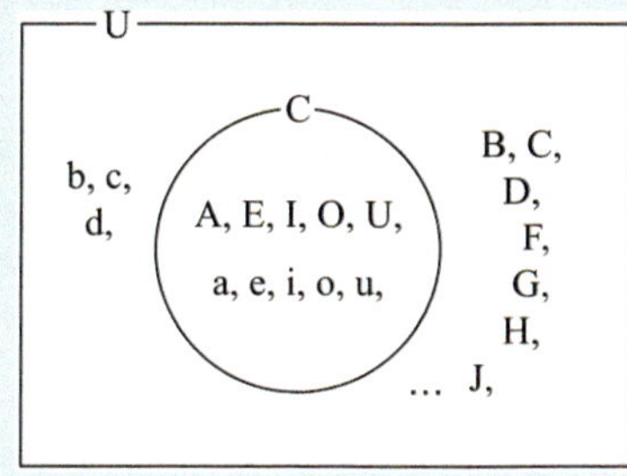

(2) 2x + 4 = 0을 만족하는 x가 속한 집합 X를 표현하라.

풀이

- 원소 나열법 : X = {-2}
- 조건제시법 : X = {x | 2x+4=0, x는 실수}
- 벤다이어그램 표현 : 생략

위 예제 4.1의 두 번째 문제처럼, 2x+4=0을 만족하는 x는 −2이다. -2는 실수 또는 정수에 소속되어 있다. 이러할 경우 집합에서는 x가 실수에 속해 있을 경우 $x \in \mathbb{R}$(real number)로 표기하고, x가 정수에 속할 경우 $x \in \mathbb{Z}$로 표기한다. 집합론에서 자주 사용되는 수의 종류에 따른 집합 표기는 아래와 같다.

- 자연수 : $\mathbb{N}$
- 정수 : $\mathbb{Z}$

• 실수 : $\mathbb{R}$

• 유리수 : $\mathbb{Q}$

• 복소수 : $\mathbb{C}$

정의 4.1 기수(Cardinality)

집합 A에 포함된 원소의 개수

예 4.2

다음의 집합의 기수를 구하라.

(1) A = {x|0≤x≤10, x∈$\mathbb{N}$}

풀이

A에 속한 원소는 0이상 10이하의 자연수이므로, A의 기수는 10이다.

(2) B = {x|$x^2 = -4$, x∈$\mathbb{N}$}

풀이

$x^2 = -4$을 만족하는 자연수 x는 존재하지 않으므로 B의 기수는 0이다.

집합 A의 원소가 x일 경우, x는 집합 A에 포함되어 있으며, 이 경우 x∈A로 표기한다. 반대로, x가 집합 A에 속하지 포함되지 않을 경우, $x \not\in A$로 표기한다.

만약, 집합 A의 기수가 무한대일 경우, A를 무한집합이라 하고, 기수가 유한한 숫자일 경우 A는 유한집합이라 한다.

정의 4.2 전체집합(Universal Set)

모든 대상을 원소로 포함하는 집합.

정의 4.3 공집합(Empty Set)

대상이 되는 원소가 없는 집합으로서, 기수가 0인 집합. 주로 ∅로 표기한다. |∅|=0.

정의 4.4 상등

두 집합, A, B에 속하는 원소가 모두 동일할 경우, A와 B는 서로 상등이라고 한다.

정의 4.5 부분집합

집합 A의 모든 원소가 집합 B에 모두 포함되는 경우 A는 B의 부분집합이라고 한다. A와 B가 상등인 경우에는 A는 B의 부분집합인 동시에 B는 A의 부분집합이다.

정의 4.6 진부분집합

집합 A의 모든 원소가 집합 B에 모두 포함되지만 A와 B가 상등이 아닌 경우. |A|<|B|

예 4.3

4개의 집합 A, B, C, D에 대해 포함관계는 아래와 같이 표현할 수 있다.

A = {1,2,3,4}

B = {1,3}

C = {5,9,10}

D = {1,2,3,4}

(1) A는 D의 부분집합이면서 D는 A의 부분집합니다. 즉, A와 D는 상등이다 (A⊆D 또는 D⊆A)

(2) B는 A의 진부분집합이다 (B⊂A)

(3) B는 C의 부분집합이 아니다. B⊄C

(4) C는 D의 부분집합이 아니다. C⊄D

일반적으로 집합 간의 포함관계에서는 ⊂ 또는 ⊄을 사용하고, 원소와 집합 간의 포함관계에서는 ∈ 또는 ∉을 사용한다.

예를 들어 [예 4.3]에서 1∈A 이고, 10 ∉ D이다.

정리

(1) 모든 집합 A에 대해 A⊆A가 성립한다

(2) 모든 집합 A에 대해 ∅ ⊆A

(3) 모든 집합 A에 대해 A⊆U (U : 전체집합)

(4) 세 개의 집합 A, B, C가 있을 때, A⊆B이고, B⊆C이면 A⊆C이다.

■ 집합의 연산

정의 4.7 합집합

두 집합 A와 B의 합집합(union) A∪B는 다음과 같이 정의된다

A∪B = {x | x ∈ A ∨ x ∈ B}

즉, 집합 A에 속하거나 B에 속하는 원소, 또는 A와 B 동시에 속한 원소들로 이루어진 집합이다.

정의 4.8 교집합

두 집합 A와 B의 교집합(intersection) A∩B는 다음과 같이 정의된다.

$A \cap B = \{x \mid x \in A \wedge x \in B\}$

만약 A∩B에 속한 원소가 존재하지 않는다면, 즉 A∩B=∅ 이면 집합 A와 B는 서로소(disjoint)라고 한다.

정의 4.9 차집합

두 집합 A와 B가 있을 때, A에는 속하지만 B에는 속하지 않는 원소로 구성된 집합을 A와 B의 차집합이라 하고 A–B로 표기한다

$A - B = \{x \mid x \in A \wedge x \notin B\}$

정의 4.10 여집합

전체 집합에 속하면서 A에는 속하지 않는 원소들로 이루어진 집합을 여집합(complement)이라 하고 A^c 또는 $\overline{A}$로 표기한다.

$A^c = \{x \mid x \in U \wedge x \notin A\}$

A의 여집합은 전체집합 U와 집합 A의 차집합 U–A와 같다.

예 4.4

집합 A = {1,2,3,4,5}, B = {2,3,6}, U = ℕ (전체집합은 자연수의 집합) 일 때, 아래 질문에 답하라.

(1) A∪B

풀이

A나 B 둘 중에 한군데 이상 소속된 원소는 {1,2,3,4,5,6}이다.

(2) A∩B

풀이

A와 B 두군데 모두 속하는 원소는 {2,3}이다

(3) B–A

풀이

B에는 속하면서 A에는 속하지 않는 원소는 {6}이다

(4) A^c

풀이

전체집합에 소속된 원소가 자연수일 때, A의 여집합은 1,2,3,4,5를 제외한 모든 자연수이다

정리

(1) 여집합의 법칙

$(A^c)^c = A,\ A \cup A^c = U,\ A \cap A^c = \varnothing$
$\varnothing^c = U,\ U^c = \varnothing$

(2) 항등 법칙

$A \cup \varnothing = A,\ A \cap \varnothing = \varnothing$
$A \cup U = U,\ A \cap U = A$

(3) 드모르간(De Morgan) 법칙

$(A \cup B)^c = A^c \cap B^c$
$(A \cap B)^c = A^c \cup B^c$

(4) 멱등 법칙

$A \cup A = A,\ A \cap A = A$

(5) 결합법칙

$(A \cup B) \cup C = A \cup (B \cup C)$
$(A \cap B) \cap C = A \cap (B \cap C)$

(6) 분배법칙

$A \cup (B \cap C) = (A \cup B) \cap (A \cup C)$
$A \cap (B \cup C) = (A \cap B) \cup (A \cap C)$

집합 A와 B, 전체집합 U가 존재한다고 가정할 때, A와 B의 합집합, 교집합, 차집합, A의 여집합을 벤다이어그램으로 표현하면 아래의 그림과 같다.

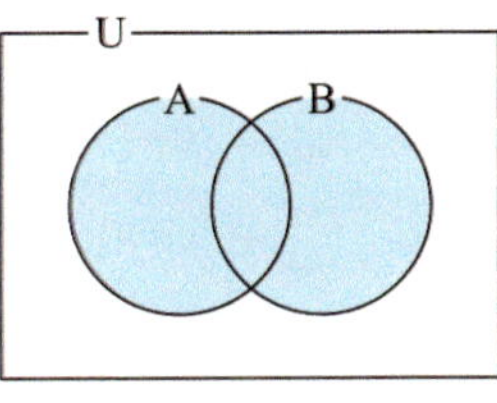

(a) $A \cup B$

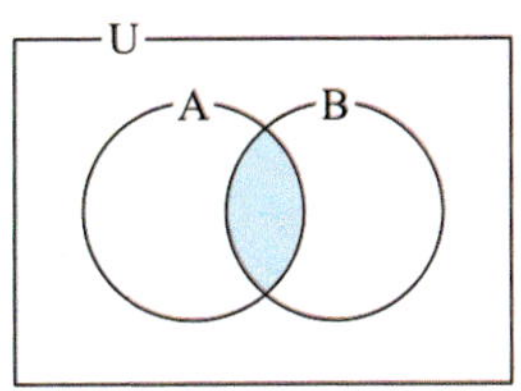

(b) $A \cap B$

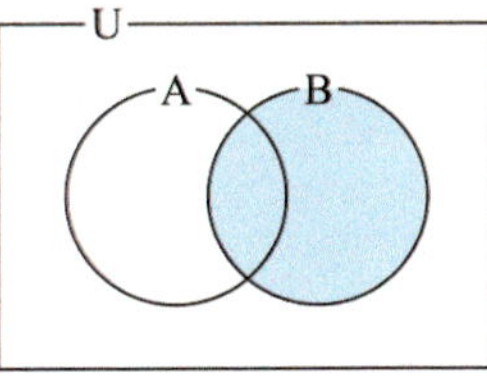

(c) $A - B$

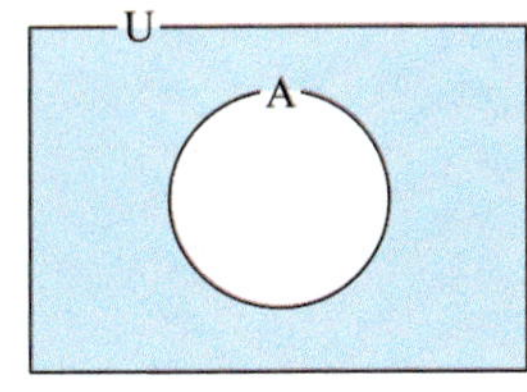

(d) A^c

정의 4.11 곱집합

집합 A와 B에 대하여, x∈A, y∈B일 때, 가능한 순서쌍 (x, y)의 집합을 A와 B의 곱집합이라 한다.

$A \times B = (x,y) \mid x \in A \wedge y \in B$

A와 B의 곱집합의 기수는 A의 기수와 B의 기수의 곱과 같다.

$|A \times B| = |A| \times |B|$

집합 A와 B의 곱집합은 B와 A의 곱집합과 같지 않다. 즉, 곱집합은 교환법칙이 성립하지 않는다. 그러나, $|A \times B| = |B \times A|$는 성립한다.

정의 4.12 멱집합(Power Set)

멱집합은 하나의 집합에서 나올 수 있는 모든 부분집합을 원소로 가지는 집합이다. n개의 원소를 가진 집합 A에 대해 A의 멱집합 P(A)는 다음과 같다.

P(A) = {B|B⊆A}, |P(A)| = 2^n

집합 A가 유한집합이면 A의 멱집합도 유한집합이다.

예 4.5

집합 A = {1,2,3} 이라 할 때, A의 멱집합 P(A)를 구하라.

풀이

P(A) = {∅ , {1}, {2}, {3}, {1,2}, {1,3}, {2,3}, {1,2,3}}

숫자처럼 집합에 대해서도 연산을 할 수 있으며, 연산을 하기 위해 정해진 규칙을 집합의 대수법칙이라 한다. 위 정리에서 언급한 법칙들 외에 보법칙, 이중보법칙, 흡수법칙에 대해 알아보자

보법칙	$A \cup \overline{A} = U, A \cap \overline{A} = \varnothing$ $\overline{\varnothing} = U, \overline{U} = \varnothing$
이중보법칙	$\overline{\overline{A}} = A$
흡수법칙	$A \cup (A \cap B) = A,\ A \cap (A \cup B) = A$

■ 집합의 분할

정의 4.13

집합 S ($S \neq \varnothing$)의 부분집합은 $A_1, A_2, \ldots\ldots, A_n$이라 할 때, S를 서로소인 부분집합들로 나눈 것을 분할(Partition)이라 한다.

집합 S($S \neq \varnothing$)이 n개의 부분집합 $A_1, A_2, \ldots\ldots, A_n$ 으로 이루어져 있을 때, 분할은 아래의 조건을 만족시켜야 한다.

(1) $A_i \subseteq S(i = 1, 2, \ldots\ldots, n)$

(2) $A_i \neq \varnothing \ (i = 1, 2, \ldots\ldots, n)$

(3) $S = A_1 \cup A_2 \cup \ldots\ldots \cup A_n$

(4) $i \neq j$ 이면, $A_i \cap A_j = \varnothing$

예 4.6

집합 S = {1,2,3,4,5}일 때 아래의 집합에 대해 S의 분할인지 결정하라

(1) A = {{1,2,3}, {5}}

풀이

4가 포함되어 있지 않으므로, A를 구성하는 집합들의 합집합이 S를 구성하지 않으므로 분할이 아니다.

(2) B = {{1,2}, {3}, {4,5}}

풀이

A를 구성하는 집합들의 합집합이 S이고, A를 구성하는 3개의 집합들 사이의 교집합이 존재하지 않는다. 즉 서로소이다. A를 구성하는 집합들 중 공집합이 존재하지 않으므로, B는 S의 분할이다.

(3) C = {{1,2,3}, {3,4,5}}

풀이

C를 구성하는 집합들의 합집합이 S이지만, C를 구성하는 두 개의 집합들이 서로소가 아니므로 분할이 아니다.

연습문제

기본문제

1 집합을 표현하는 두 가지 방법을 쓰고 각각의 특징을 간단히 써라.

2 다음 집합을 조건제시법으로 나타내라.

$A = \{2,4,6,8\}$

3 다음 중 참인 것을 모두 선택하라.

(1) $\varnothing \subset A$

(2) $A \subset A$

(3) $A \subseteq A$

(4) $A \in A$

4 다음 집합의 기수(cardinality)를 구하라.

$B = \{x \mid 1 \le x \le 20, x$ 는 4 의 배수인 자연수$\}$

5 집합 $A = \{1,2,3\}$ 일 때, 멱집합 $P(A)$ 를 써라.

6 집합 $A = \{1,2,3,4\}, B = \{3,4,5,6\}$ 일 때 다음을 구하라.

(1) $A \cup B$

(2) $A \cap B$

(3) $A - B$

7 전체집합 $U = \{1,2,3,4,5,6,7,8\}$ 이고, $A = \{1,3,5\}, B = \{3,4,5,6\}$ 일 때 $A^C \cap B$ 를 구하라.

8 집합 $A=\{a,b\}$, $B=\{1,2,3\}$ 에 대하여 다음을 구하라.

(1) 데카르트 곱 $A \times B$ (2) $|A \times B|$

9 다음 집합족이 집합 $S=\{1,2,3,4,5\}$ 의 분할인지 판단하라.

$\{\{1,2\},\{3,4\},\{5\}\}$

10 집합 A, B에 대하여 $A \subseteq B \Rightarrow A \cap C \subseteq B \cap C$ 가 항상 성립하는 이유를 집합의 정의를 기준으로 설명하라.

심화문제

1 집합 $A \subseteq B$일 때 $P(A) \subseteq P(B)$가 성립하는지 판단하라.

2 집합 $A=\{1,2,3\}$ 의 분할을 하나 제시하라.

05

행렬

■ 행렬의 개념

행렬(Matrix)은 데이터 또는 데이터로 이루어진 식이나 함수를 사각형의 형태로 배치하여 표현한다. 특히 실수의 직사각형 배열은 여러가지 분야에서 사용되며, 특히 컴퓨터 프로그래밍에서는 여러 개의 데이터를 다루는 경우에 사용되는 가장 기본적인 자료구조이면서 집합에 속한 원소들 간의 관계를 표현하기 위해서 광범위하게 사용된다. 또한 역행렬이라는 개념을 통해 연립방정식의 해를 구할 수 있는 것 또한 행렬이 어떤 문제의 해를 구하는데 있어 지대한 공헌을 했다는 것도 알 수 있다. 이렇게 행렬로 표현하는 방법은 영국의 수학자 아서 케일리(Arthur Cayley, 1821-1895)에 의해 시작되었다. 케일리의 행렬 개념은 행렬의 개념이 향후 선형대수학으로까지 발전하는데 큰 기여를 하게 되었다. 행렬은 숫자 또는 수식을 2차원 배열(array)의 형태로 표현을 한 것이며, 임의의 행렬 $A_{M\times N}$은 아래와 같이 표현할 수 있다.

$$A_{M\times N} = \begin{bmatrix} a_{11} & a_{12} & \cdots\cdots & a_{1N} \\ a_{21} & a_{22} & \cdots\cdots & a_{2N} \\ \cdots\cdots & \cdots\cdots & \cdots\cdots & \cdots\cdots \\ a_{M1} & a_{M2} & \cdots\cdots & a_{MN} \end{bmatrix}$$

행렬 $A_{M\times N}$은 M개의 수평 성분과, N개의 수직성분을 가지며, 총 원소 개수는 M×N개이다. 수평성분인 $[a_{11}, a_{12}, \cdots\cdots a_{1N}]$, $[a_{21}, a_{22}, \cdots\cdots a_{2N}]$, $[a_{M1}, a_{M2}, \cdots\cdots a_{MN}]$ 등을 행렬 $A_{M\times N}$의 행(row)이라고 하고, 수직성분인 $[a_{11}, a_{21}, \cdots\cdots a_{M1}]^T$, $[a_{12}, a_{22}, \cdots\cdots a_{M2}]^T$, $[a_{1N}, a_{2N}, \cdots\cdots a_{MN}]^T$를 행렬 $A_{M\times N}$의 열(column)이라고 한다. 즉, 행렬 $A_{M\times N}$는 M행 N열로 이루어진 행렬이라 하고 M x N 행렬이라 하며, 이것을 행렬의 크기 또는 행렬의 사이즈라고 한다. 즉, 행렬 $A_{M\times N}$는 행과 열의 형태로 이루어진 벡터들의 모임이라고도 할 수 있다. 편의상 앞으로는 행렬 $A_{M\times N}$을 A라고 표기하겠다.

행렬 A의 i번째 행은 $[a_{i1}, a_{i2}, \cdots\cdots a_{iN}]$이고, A의 j번째 열은 $[a_{1j}, a_{2j}, \cdots\cdots a_{Mj}]^T$이다. 여기서 $[a_{1j}, a_{2j}, \cdots\cdots a_{Mj}]^T$는 $\begin{bmatrix} a_{1j} \\ a_{2j} \\ \cdot \\ \cdot \\ \cdot \\ a_{Mj} \end{bmatrix}$ 이다. 행렬 중, 한 개의 행(row) 또는 한 개의 열(column)만으로 구성되어 있는 행렬을 벡터(vector)라고도 부르며, 각각 행벡터(row vector), 열벡터(column vector)라 부른다. 이렇게 한 개의 그리고 행렬 A의 (i, j) 자리의 원소는 a_{ij} ($[a_{ij}]$,

(a_{ij}) 등으로 표기해도 무방하다) 로 표기하며, i행 j열의 원소라 한다.

두 개의 행렬 A와 B 가 있다고 가정하자. A 행렬의 크기가 M x N이고, B 행렬의 크기가 K x L 일 때, 만약 M = K 이고 N = L 이라면 행렬 A와 B의 크기는 같다. A와 B의 크기가 동일하면서 A의 원소 a_{ij} 와 B의 원소 b_{ij} 가 동일하다면 $(a_{ij}=b_{ij})$, 행렬 A와 B는 동일한 행렬(equivalent matrix)이라 한다.

예 5.1

행렬 A와 B는 모두 2행 3열의 크기를 가진 행렬이다. 행렬 A와 B가 같은 행렬이 되기 위한 x, y, z 값을 구하라.

$$A = \begin{bmatrix} 2\,3\,1 \\ 0\,4\,8 \end{bmatrix}, B = \begin{bmatrix} 2\,3\,x \\ 0\,y\,z \end{bmatrix}$$

풀이

x = 1, y = 4, z = 8이 되어야 한다.

예 5.2

아래 행렬 A와 B의 크기를 구하라.

$$A = \begin{bmatrix} 1 & 2 \\ 3 & 4 \\ -1 & -2 \end{bmatrix}, B = \begin{bmatrix} 1\,0\,4 \\ 2\,2\,8 \\ 7\,0\,9 \end{bmatrix}$$

풀이

행렬 A는 3 x 2 행렬이고, 행렬 B는 3 x 3 행렬이다. 행렬 B와 같이 행과 열의 개수가 동일한 행렬을 정방행렬(square matrix)이라 한다.

정의 5.1

M개의 행과 N개의 열로 구성된 직사각형 모양의 수 배열을 M x N 행렬 (M by N matrix) 이라 한다.

행(row) : 행렬의 가로줄

- 열(column) : 행렬의 세로줄
- 열벡터 (column vector) : 한 개의 열로 구성된 행렬
- 행벡터 (row vector) : 한 개의 행으로 구성된 행렬
- 정방행렬 (square matrix) : 행과 열의 개수가 같은 행렬
- 영행렬 (zero matrix) : 행렬의 모든 원소가 0인 행렬

예 5.3

다음 행렬을 보고 문제에 답하라.

$$A=\begin{bmatrix}1 & 2\\ 3 & 4\\ -1 & -2\end{bmatrix}, B=\begin{bmatrix}10 & 4 & 2\\ 28 & 7 & 0\\ 92 & -15\end{bmatrix}$$

(1) A의 첫 번째 열을 써라.

풀이

$$\begin{bmatrix}1\\ 3\\ -1\end{bmatrix}$$

(2) B의 세 번째 행을 써라.

풀이

$$[92 -15]$$

(3) a_{23}을 써라.

풀이

행렬 A는 3행 2열이므로 해당 원소는 존재하지 않는다

(4) b_{34}을 써라.

풀이

B의 3행 4열의 원소는 5이다.

(5) 행렬 A와 행렬 B의 크기를 각각 써라

풀이

A : 3×2, B : 3×4

■ 행렬의 덧셈과 뺄셈

일반적인 수를 활용해서 다양한 연산을 하는 것처럼, 행렬을 활용해서 다양한 연산을 하는 것이 가능하다. 다만, 행렬을 피연산자로 하는 연산의 종류는 덧셈, 뺄셈, 곱셈 정도로 제한되어 있다. 행렬의 덧셈과 뺄셈에서는 피연산자인 행렬의 크기가 동일해야 하고, 두 개의 행렬끼리 직접 곱셈을 하기 위해서는 피연산자인 행렬의 크기가 동일할 필요는 없지만, 행렬 크기의 조건을 만족해야 한다.

행렬 A와 행렬 B가 서로 같은 크기일 경우, A와 B의 합은 두 행렬의 서로 동일한 위치에 존재하는 원소 (대응 행렬 원소) 끼리 합함으로서 이루어진다. 그리고 A와 B의 차(A-B 또는 B-A)는 두 행렬의 대응 행렬 원소끼리 뺄셈을 수행함으로서 이루어진다.

m행 n열(m x n)의 행렬 A와 B가 각각 $A = \begin{bmatrix} a_{11} & a_{12} & \cdots\cdots & a_{1n} \\ a_{21} & a_{22} & \cdots\cdots & a_{2n} \\ \cdots\cdots & \cdots\cdots & \cdots\cdots & \cdots\cdots \\ a_{m1} & a_{m2} & \cdots\cdots & a_{mn} \end{bmatrix}$, $B = \begin{bmatrix} b_{11} & b_{12} & \cdots\cdots & b_{1n} \\ b_{21} & b_{22} & \cdots\cdots & b_{2n} \\ \cdots\cdots & \cdots\cdots & \cdots\cdots & \cdots\cdots \\ b_{m1} & b_{m2} & \cdots\cdots & b_{mn} \end{bmatrix}$이라고 가정하자. 두 행렬의 덧셈과 뺄셈은 다음과 같이 계산된다.

$$A+B= \begin{bmatrix} a_{11}+b_{11} & a_{12}+b_{12} & \cdots\cdots & a_{1n}+b_{1n} \\ a_{21}+b_{21} & a_{22}+b_{22} & \cdots\cdots & a_{2n}+b_{2n} \\ \cdots\cdots & \cdots\cdots & \cdots\cdots & \cdots\cdots \\ a_{m1}+b_{m1} & a_{m2}+b_{m2} & \cdots\cdots & a_{mn}+b_{mn} \end{bmatrix}$$

$$A-B= \begin{bmatrix} a_{11}-b_{11} & a_{12}-b_{12} & \cdots\cdots & a_{1n}-b_{1n} \\ a_{21}-b_{21} & a_{22}-b_{22} & \cdots\cdots & a_{2n}-b_{2n} \\ \cdots\cdots & \cdots\cdots & \cdots\cdots & \cdots\cdots \\ a_{m1}-b_{m1} & a_{m2}-b_{m2} & \cdots\cdots & a_{mn}-b_{mn} \end{bmatrix}$$

정리

행렬의 덧셈은 다음의 법칙을 만족한다 (뺄셈도 아래의 덧셈 법칙을 모두 만족한다)

(1) A + B = B + A (교환법칙)

(2) (A+B)+C = A+(B+C) (결합법칙)

(3) A + O = O + A = A

* O는 모든 원소가 0인 영행렬이다.

예 5.4

다음의 두 행렬 A와 B를 이용하여 주어진 연산을 수행하라.

(1) A + B

$$A = \begin{bmatrix} 1 & 2 & 3 & 4 \\ 5 & 6 & 7 & 8 \\ 1 & 3 & 9 & -7 \\ 6 & 2 & -4 & 8 \end{bmatrix}, A = \begin{bmatrix} 5 & 4 & -3 & 4 \\ -2 & -1 & 1 & 1 \\ 5 & 9 & 0 & 2 \\ 0 & 8 & 7 & -5 \end{bmatrix}$$

풀이

$$A+B= \begin{bmatrix} 1 & 2 & 3 & 4 \\ 5 & 6 & 7 & 8 \\ 1 & 3 & 9 & -7 \\ 6 & 2 & -4 & 8 \end{bmatrix} + \begin{bmatrix} 5 & 4 & -3 & 4 \\ -2 & -1 & 1 & 1 \\ 5 & 9 & 0 & 2 \\ 0 & 8 & 7 & -5 \end{bmatrix} = \begin{bmatrix} 1+5 & 2+4 & 3+(-3) & 4+4 \\ 5+(-2) & 6+(-1) & 7+1 & 8+1 \\ 1+5 & 3+9 & 9+0 & -7+2 \\ 6+0 & 2+8 & -4+7 & 8+(-5) \end{bmatrix} = \begin{bmatrix} 6 & 6 & 0 & 8 \\ 3 & 5 & 8 & 9 \\ 6 & 12 & 9 & -5 \\ 6 & 10 & 3 & 3 \end{bmatrix}$$

(2) A - B

풀이

$$A-B=\begin{bmatrix}1&2&3&4\\5&6&7&8\\1&3&9&-7\\6&2&-4&8\end{bmatrix}-\begin{bmatrix}5&4&-3&4\\-2&-1&1&1\\5&9&0&2\\0&8&7&-5\end{bmatrix}=\begin{bmatrix}1-5&2-4&3-(-3)&4-4\\5-(-2)&6-(-1)&7-1&8-1\\1-5&3-9&9-0&-7-2\\6-0&2-8&-4-7&8-(-5)\end{bmatrix}$$

$$=\begin{bmatrix}-4&-2&6&0\\7&7&6&7\\-4&-6&9&-9\\6&-6&-11&13\end{bmatrix}$$

(3) B - A

풀이

$$B-A=\begin{bmatrix}5&4&-3&4\\-2&-1&1&1\\5&9&0&2\\0&8&7&-5\end{bmatrix}-\begin{bmatrix}1&2&3&4\\5&6&7&8\\1&3&9&-7\\6&2&-4&8\end{bmatrix}=\begin{bmatrix}5-1&4-2&-3-3&4-4\\-2-5&-1-6&1-7&1-8\\5-1&9-3&0-9&2-(-7)\\0-6&8-2&7-(-4)&-5-8\end{bmatrix}$$

$$=\begin{bmatrix}4&2&-6&0\\-7&-7&-6&-7\\4&6&-9&9\\-6&6&11&-13\end{bmatrix}$$

■ 행렬의 스칼라곱

정의 5.2 행렬의 스칼라곱(Scalar Multiplication)

kA, 행렬 A에 상수 k를 곱하는 연산

행렬에 상수 값을 곱하는 스칼라곱을 수행하는 것은 행렬의 각 원소에 해당 상수를 곱하는 것과 같다.

$$kA=\begin{bmatrix}ka_{11}&ka_{12}&\cdots..&ka_{1n}\\ka_{21}&ka_{22}&\cdots..&ka_{2n}\\\cdots..&\cdots..&\cdots..&\cdots..\\ka_{m1}&ka_{m2}&\cdots..&ka_{mn}\end{bmatrix}$$

예 5.5

다음 행렬 A와 B에 대한 스칼라곱 4xA와 0.5 x B을 각각 계산하라.

$$A=\begin{bmatrix}1&2\\3&4\\-1&-2\end{bmatrix}, B=\begin{bmatrix}10&4&2\\28&7&0\\9&2-1&5\end{bmatrix}$$

풀이

$$4A=4\times\begin{bmatrix}1&2\\3&4\\-1&-2\end{bmatrix}=\begin{bmatrix}4&8\\12&16\\-4&-8\end{bmatrix}, 0.5\times B=\begin{bmatrix}0.5&0&2&1\\1&4&3.5&0\\4.5&1&-0.5&2.5\end{bmatrix}$$

정리

행렬의 스칼라곱은 다음과 같은 특징을 가진다 (k와 k'는 임의의 스칼라 상수이다)

(1) k(k'A) = (kk')A

(2) (k±k')A = kA ± k'A

(3) k(A±B) = kA±kB

(4) A(kB) = k(AB) = (kA)B

■ 행렬의 곱셈

m x n 행렬 A와 k x l 행렬 B가 있을 때, n = k 일 경우 A와 B의 곱셈, 즉 A x B = C가 성립한다. 이때, C의 크기는 m x l 이다.

$$C = A\times B=\begin{bmatrix}a_{11}&a_{12}&\cdots..&a_{1n}\\a_{21}&a_{22}&\cdots..&a_{2n}\\\cdots..&\cdots..&\cdots..&\cdots..\\a_{m1}&a_{m2}&\cdots..&a_{mn}\end{bmatrix}\times\begin{bmatrix}b_{11}&b_{12}&\cdots..&b_{1l}\\b_{21}&b_{22}&\cdots..&b_{2l}\\\cdots..&\cdots..&\cdots..&\cdots..\\b_{k1}&b_{k2}&\cdots..&b_{kl}\end{bmatrix}=\begin{bmatrix}c_{11}&c_{12}&\cdots..&c_{1l}\\c_{21}&c_{22}&\cdots..&c_{2l}\\\cdots..&\cdots..&\cdots..&\cdots..\\c_{m1}&c_{m2}&\cdots..&c_{ml}\end{bmatrix}$$

$$c_{ij} = a_{i1}b_{1j}+a_{i2}b_{2j}+a_{i3}b_{3j}+\cdots\cdots\cdots+a_{in}b_{kj}=\sum_{p=1}^{n}a_{ip}b_{pj}$$

그러므로 행렬 C는 다음과 같이 표현된다

$$C=\begin{bmatrix}a_{11}b_{11}+a_{12}b_{21}+\cdots+a_{1n}b_{k1} & a_{11}b_{12}+a_{12}b_{22}+\ldots+a_{1n}b_{k2} & \ldots\ldots & a_{11}b_{1l}+a_{12}b_{2l}+\ldots+a_{1n}b_{kl}\\a_{21}b_{11}+a_{22}b_{21}+\ldots+a_{2n}b_{k1} & a_{21}b_{12}+a_{22}b_{22}+\ldots+a_{2n}b_{k2} & \cdots.. & a_{21}b_{1l}+a_{22}b_{2l}+\ldots+a_{2n}b_{kl}\\\cdots.. & \cdots.. & \cdots.. & \cdots..\\a_{m1}b_{11}+a_{m2}b_{21}+\ldots+a_{mn}b_{k1} & a_{m1}b_{12}+a_{m2}b_{22}+\ldots+a_{mn}b_{k2} & \cdots.. & a_{m1}b_{1l}+a_{m2}b_{2l}+\ldots+a_{mn}b_{kl}\end{bmatrix}$$

위와 같이 두 행렬 A와 B의 곱셈의 결과인 C의 한 원소 c_{ij} 는 A의 i번째 행과 B의 j번째 열이 서로 대응되어 연산된 결과이기 때문에, A의 열의 개수(n)와 B의 행의 개수(k)가 같아야 함을 알 수 있다.

예를 들어 행렬 A의 크기가 m x n이고, B의 크기가 n x l 이라 할 때, A와 B의 곱의 결과로 나오는 행렬의 크기는 m x l이다. 만약 행렬 B와 A의 곱셈을 하고자 할 경우에는 B의 열의 개수인 l와 A의 행의 개수인 m이 동일해야 하며, 만약 동일할 경우 B x A의 결과로 나오는 행렬의 크기는 l x n이 된다. 다시 말해서 A와 B의 곱의 결과와 B와 A의 곱의 결과는 동일하지 않다. 즉 행렬의 곱셈에서는 교환법칙이 성립하지 않는다.

예 5.6

다음과 같이 두 행렬 A와 B가 주어질 때, A x B와 B x A를 각각 계산하고, 그 결과값과 결과의 크기를 구하라.

$$A = \begin{bmatrix} 2\,4\,6 \\ 1\,2\,3 \end{bmatrix}, B = \begin{bmatrix} 3\,10 \\ 5\,12 \\ 7\,14 \end{bmatrix}$$

(1) A x B

풀이

$$A \times B = \begin{bmatrix} 2\,4\,6 \\ 1\,2\,3 \end{bmatrix} \times \begin{bmatrix} 3\,10 \\ 5\,12 \\ 7\,14 \end{bmatrix} = \begin{bmatrix} 2\times3+4\times5+6\times7\,2\times10+4\times12+6\times14 \\ 1\times3+2\times5+3\times7\,1\times10+2\times12+3\times14 \end{bmatrix} = \begin{bmatrix} 68\;152 \\ 34\;\;76 \end{bmatrix}$$

A와 B의 크기는 각각 2 x 3, 3 x 2이므로, A와 B의 곱의 크기는 2 x 2이다.

(2) B x A

풀이

행렬 B의 열과 행렬 A의 행의 크기가 서로 다르므로, 곱셈을 수행할 수 없다.

정리

행렬의 곱은 다음을 만족한다.

(1) Ax(BxC) = (AxB)xC

(2) Ax(B±C) = AxB ± AxC

(3) (A±B)xC = AxC ± BxC

■ 행렬의 종류 및 특수행렬

일반적으로 행렬은 m행 n열의 형태로 이루어져 있다. m과 n의 값에 따라서, 또는 행렬을 구성하는 원소의 종류에 따라서 다양한 종류의 행렬을 생성할 수 있다.

정의 5.3 영행렬(Zero Matrix)

m x n행렬 A에 대하여, A의 모든 원소가 0일 경우 이 행렬을 영행렬이라 하고 A=O(또는 0) 으로 표기한다.

아래의 행렬 O (n x n)는 0행렬이다.

$$O_{n \times n} = \begin{bmatrix} 0 & 0 & \dots & 0 \\ 0 & 0 & \dots & 0 \\ \dots & \dots & \dots & \dots \\ 0 & 0 & \dots & 0 \end{bmatrix}$$

정의 5.4 전치행렬(Transpose Matrix)

A(m x n)의 전치행렬은 A^T로 표기하고, A와 A^T의 원소 간의 관계는 다음과 같이 정의한다. A의 i행 j열 원소 a_{ij}는 A^T의 j행 i열 원소 a_{ji}^T와 같다. 즉, $a_{ij}=a_{ji}^T$.

또한 A^T의 크기는 n x m이다. 만약 A = A^T라면, A를 대칭행렬(symmetric matrix)이라 한다.

예 5.7

행렬 A가 아래와 같을 때, A의 전치행렬 A^T를 구하라.

풀이

$$A = \begin{bmatrix} 1 & 2 & 3 \\ 4 & 5 & 6 \end{bmatrix}, A^T = \begin{bmatrix} 1 & 4 \\ 2 & 5 \\ 3 & 6 \end{bmatrix}$$

정리

행렬 A, B, 임의의 상수 c에 대하여 다음이 성립한다.

(1) $(A^T)^T = A$

(2) $(A \pm B)^T = A^T \pm B^T$

(3) $(AB)^T = B^T A^T$

(4) $(cA)^T = cA^T$

예 5.8

행렬 A가 다음과 같을 경우, A의 대칭행렬을 구하라

풀이

$$A = \begin{bmatrix} 1 & 2 \\ 2 & 3 \end{bmatrix}, A^T = \begin{bmatrix} 1 & 2 \\ 2 & 3 \end{bmatrix}$$

정의 5.5 대각행렬(Diagonal Matrix)

대각행렬은 m x n 크기의 행렬 A에서 원소 $a_{11}, a_{22}, \cdots a_{nn}$ $(m > n)$ 이외의 모든 원소가 0인 행렬이다. 여기서 $a_{11}, a_{22}, \cdots a_{nn}$ $(m > n)$을 대각원소라 한다.
주로, 대각행렬을 언급할 경우 A는 행과 열의 크기가 같은 정방행렬(square matrix)이다.

예를 들어 다음 행렬 A와 B는 대각행렬이다.

$$A = \begin{bmatrix} 1\,0\,0 \\ 0\,2\,0 \\ 0\,0\,3 \end{bmatrix}, B = \begin{bmatrix} 1\,0\,0 \\ 0\,2\,0 \\ 0\,0\,3 \\ 0\,0\,0 \end{bmatrix}$$

정의 5.6 단위행렬(항등행렬, Idenetity Matrix)

정방행렬에서 대각원소가 모두 1이고, 그 외의 원소는 0인 행렬을 단위행렬이라 한다. 즉, n x n 크기의 대각행렬에서 대각원소가 모두 1인 행렬을 단위행렬로 정의한다.

임의의 행렬 A와 단위행렬 I와의 곱의 결과는 A 자신이다. 즉, AI = IA = A를 만족한다. 즉, 단위행렬과의 곱셈은 교환법칙이 성립한다. n x n 크기의 단위행렬을 n차 단위행렬이라 부른다. 또한, n x n 정방행렬은 n차 정방행렬이라고 부르기도 한다.

예 5.9

행렬 A와 단위행렬 I와의 곱을 계산하라.

$A = \begin{bmatrix} 1\,2 \\ 3\,4 \end{bmatrix}, I = \begin{bmatrix} 1\,0 \\ 0\,1 \end{bmatrix}$

(1) AI

풀이

$AI = \begin{bmatrix} 1\,2 \\ 3\,4 \end{bmatrix} \begin{bmatrix} 1\,0 \\ 0\,1 \end{bmatrix} = \begin{bmatrix} 1\,2 \\ 3\,4 \end{bmatrix}$

(2) IA

풀이

$IA = \begin{bmatrix} 1\,0 \\ 0\,1 \end{bmatrix} \begin{bmatrix} 1\,2 \\ 3\,4 \end{bmatrix} = \begin{bmatrix} 1\,2 \\ 3\,4 \end{bmatrix}$

※ 위 계산 결과에서 보는 바와 같이 단위행렬과의 곱셈은 교환법칙이 성립한다.

정의 5.7 **부울행렬(Boolean Matrix)**

행렬의 모든 원소가 0 또는 1로 구성된 행렬.

부울행렬의 연산은 합(join), 교차(meet), 부울곱(product)이 있으며, 부울곱은 합과 교차의 조합으로 표현된다. 부울 합연산자인 ∨와 교차 연산자인 ∧은 다음과 같이 정의 된다.

[표 5.1] 부울 합연산(join) 과 교차연산(meet)

A	B	A∨B 연산 결과	A∧B 연산 결과
0	0	0	0
0	1	1	0
1	0	1	0
1	1	1	1

부울행렬의 곱은 일반적인 행렬의 곱에서의 곱셈과 덧셈을 각각 부울곱과 부울합으로 대체해서 계산을 수행하면 된다.

예 5.10

부울행렬 A와 B의 부울곱($A \odot B$) 연산을 수행하라.

$$A = \begin{bmatrix} 1 & 0 \\ 0 & 1 \end{bmatrix}, B = \begin{bmatrix} 0 & 1 \\ 0 & 1 \end{bmatrix}$$

풀이

$$A \odot B = \begin{bmatrix} 1 & 0 \\ 0 & 1 \end{bmatrix} \odot \begin{bmatrix} 0 & 1 \\ 0 & 1 \end{bmatrix} = \begin{bmatrix} (1\wedge 0)\vee(0\wedge 0) & (1\wedge 1)\vee(0\wedge 1) \\ (0\wedge 0)\vee(1\wedge 0) & (0\wedge 1)\vee(1\wedge 1) \end{bmatrix} = \begin{bmatrix} (0)\vee(0) & (1)\vee(0) \\ (0)\vee(0) & (0)\vee(1) \end{bmatrix} = \begin{bmatrix} 0 & 1 \\ 0 & 1 \end{bmatrix}$$

A와 B의 부울곱 연산이 성립되기 위해서는 일반적인 행렬의 곱셈과 마찬가지로 A의 열의 크기와 B의 행의 크기가 동일해야 한다.

정리

부울행렬 A, B, C에 대하여 다음을 만족한다.

(1) A∨B = B∨A

(2) A∧B = B∧A

(3) (A∨B)∨C = A∨(B∨C)

(4) (A∧B)∧C = A∧(B∧C)

(5) A∧(B∨C) = (A∧B)∨(A∧C)

(6) A∨(B∧C) = (A∨B)∧(A∨C)

(7) $A \odot (B \odot C) = (A \odot B) \odot C$

(8) A∨A = A
(9) A∧A = A

■ 행렬식

선형대수학에서 행렬식(determinant)는 정방행렬에 스칼라 값을 대응시키는 함수이다. 특히 정방행렬의 가역성을 판별하고, 이 가역성을 바탕으로 선형 연립방정식의 해의 존재 여부 판별 및 해를 구하기 위해서 사용된다. 제임스 조지프 실베스터(James Joseph Sylvester)와 아서 케일리(Arthur Cayley)는 2차 정방행렬 A를 $A = \begin{bmatrix} a & b \\ c & d \end{bmatrix}$ 로 정의할 경우 (ad-bc)의 값에 따라 연립방정식의 해가 달라지는 것을 확인하고, 이를 바탕으로 해의 존재여부를 판별한다는 의미에서 determinant라는 용어를 쓰게 되었다.

정방행렬 A의 행렬식은 일반적으로 |A| 또는 det(A)로 표기한다.

1 x 1 행렬 $A = [a]$은 하나의 스칼라값이므로, 행렬값 또한 a이다.

2 x 2 행렬 $A = \begin{bmatrix} a_{11} & a_{12} \\ a_{21} & a_{22} \end{bmatrix}$의 행렬식 $|A| = \begin{vmatrix} a_{11} & a_{12} \\ a_{21} & a_{22} \end{vmatrix} = a_{11}a_{22} - a_{12}a_{21}$ 이다.

3차 정방행렬의 행렬식을 구하는 과정은 조금 복잡하다. 3차 정방행렬 행렬식을 구하기 위해서는 소행렬을 이용한다.

정의 5.8 소행렬 (Minor Matrix)

n차 정방행렬 A에서 i번째 행과 j번째 열을 제거한 후 얻은 (n–1) x (n–1) 크기의 행렬을 소행렬이라 하고, 표기는 A_{ij}로 한다.

예를 들어 $A = \begin{bmatrix} 1 & 2 & 3 \\ 4 & 5 & 6 \\ 7 & 8 & 9 \end{bmatrix}$ 일 때, $A_{11} = \begin{bmatrix} 5 & 6 \\ 8 & 9 \end{bmatrix}$, $A_{23} = \begin{bmatrix} 1 & 2 \\ 7 & 8 \end{bmatrix}$ 이다.

정의 5.9 여인수(cofactor)

n차 정방행렬 M에서 여인수 C_{ij}는 다음과 같이 계산할 수 있다.

$C_{ij} = (-1)^{i+j}|M_{ij}|$

정의 5.10 여인수를 이용하여 n차 정방행렬 A의 행렬식은 다음과 같이 정의된다

(1) 임의의 한 개의 행을 선택할 경우 (i번째 행 선택)

$|A| = a_{i1}C_{i1} + a_{i2}C_{i2} + \dots + a_{in}C_{in}$

(2) 임의의 한 개의 열을 선택할 경우(j번째 열 선택)

$|A| = a_{1j}C_{1j} + a_{2j}C_{2j} + \dots + a_{nj}C_{nj}$

위 [정의 5.10]과 같이 행렬식을 구하는 방법은 어떤 크기를 가진 n차 정방행렬에서 모두 사용할 수 있다.

예 5.11

3차 정방행렬 A의 행렬식을 구하라.

$$A = \begin{bmatrix} 1\,2\,3 \\ 4\,5\,6 \\ 7\,8\,9 \end{bmatrix}$$

행렬식을 구하는 방법은 여러 가지가 있으며 소행렬과 여인수를 이용한 방식의 두가지 예시는 아래와 같다.

풀이1

1행을 선택할 경우

$$\begin{aligned} |A| &= a_{11}C_{11} + a_{12}C_{12} + a_{13}C_{13} \\ &= 1 \times (-1)^{1+1} \times \begin{vmatrix} 5\,6 \\ 8\,9 \end{vmatrix} + 2 \times (-1)^{1+2} \times \begin{vmatrix} 4\,6 \\ 7\,9 \end{vmatrix} + 3 \times (-1)^{1+3} \times \begin{vmatrix} 4\,5 \\ 7\,8 \end{vmatrix} \\ &= -3 + 12 + (-9) = 0 \end{aligned}$$

풀이2

3열을 선택할 경우

$$\begin{aligned} |A| &= a_{13}C_{13} + a_{23}C_{23} + a_{33}C_{33} \\ &= 3 \times (-1)^{1+3} \times \begin{vmatrix} 4\,5 \\ 7\,8 \end{vmatrix} + 6 \times (-1)^{2+3} \times \begin{vmatrix} 1\,2 \\ 7\,8 \end{vmatrix} + 9 \times (-1)^{3+3} \times \begin{vmatrix} 1\,2 \\ 4\,5 \end{vmatrix} \\ &= -9 + 36 + (-27) = 0 \end{aligned}$$

어떤 행이나 열을 선택하더라도 행렬식의 결과는 동일함을 확인할 수 있다.

■ 역행렬

임의의 수 x의 곱셈에 대한 역원은 1/x (x≠0)이고, 이 역원은 원래의 수와 곱하면 그 결과가 1이다. 행렬에서도 곱셈에 대한 역원이 존재하는데, 이 역원을 역행렬이라 하고, 행렬 A의 역행렬을 B라고 할 경우 AB=I가 성립한다. A의 역행렬을 일반적으로 A^{-1}로 표기한다.

정의 5.11 역행렬(Inverse Matrix)

정방행렬 A에 대하여 AB=BA=I를 만족하는 행렬 B를 A의 역행렬이라 한다.

임의의 정방행렬 A에 대하여 역행렬이 존재할 경우 A를 가역행렬(Invertible matrix)이라 하고, 역행렬이 존재하지 않을 경우 비가역행렬(Non-invertible matrix) 또는 특이행렬(Singular matrix) 이라 한다.

행렬 A의 역행렬을 구하기 위해서는 AB=I를 만족하는 B를 구하면 된다.

예 5.12

행렬 A의 역행렬을 구하라.

$A = \begin{bmatrix} 2 & 5 \\ 1 & 3 \end{bmatrix}, B = \begin{bmatrix} a & b \\ c & d \end{bmatrix}$

풀이

$AB = \begin{bmatrix} 2a+5c & 2b+5d \\ a+3c & b+3d \end{bmatrix} = \begin{bmatrix} 1 & 0 \\ 0 & 1 \end{bmatrix}$

위 관계를 만족하는 a,b,c,d를 구하면 된다. 연립방정식을 풀어서 구해 보면, a=3, b=-5, c=-1, d=2임을 확인할 수 있다.

즉, $B = \begin{bmatrix} 3 & -5 \\ -1 & 2 \end{bmatrix}$이다.

또 다른 방법으로는 행렬식을 이용하는 것이다. 행렬식을 이용한 행렬 A의 역행렬을 구하는 공식은 다음과 같다 ($A = \begin{bmatrix} a & b \\ c & d \end{bmatrix}$).

$$A^{-1} = \frac{1}{\det(A)} \begin{bmatrix} d & -b \\ -c & a \end{bmatrix}$$

이 공식을 활용하여 예 5.12를 풀이하면

$$A^{-1} = \frac{1}{\det(A)} \begin{bmatrix} d & -b \\ -c & a \end{bmatrix} = \frac{1}{1} \begin{bmatrix} 3 & -5 \\ -1 & 2 \end{bmatrix} = \begin{bmatrix} 3 & -5 \\ -1 & 2 \end{bmatrix}.$$

행렬이 3차 정방행렬일 경우에는 계산이 조금 더 복잡해 진다. 그러나 앞에서 학습한 소행렬, 여인수의 개념을 활용하면 차수가 높은 행렬의 역행렬도 구할 수 있다. 3차 정방행렬의 역행렬을 계산해 보자. 3x3 이상의 크기를 가지는 행렬의 역행렬을 구하는 공식은 다음과 같다.

정의 5.12 행렬식을 이용한 역행렬

$$A^{-1}=\frac{1}{\det(A)}[C_{ij}]^T$$

위의 [정의 5.12]에서의 $[C_{ij}]$는 여인수행렬이라 하고, 다음과 같이 정의 된다

정의 5.13 여인수행렬(Cofactor Matrix)

$[C_{ij}]=(-1)^{i+j}\det(M_{ij})$, M_{ij}는 소행렬이다.

예 5.13

위의 [정의 5.12]와 [정의 5.13]을 이용하여 3 x 3 정방행렬 A의 역행렬을 구하라.

$$A=\begin{bmatrix}1&2&3\\0&1&4\\5&6&0\end{bmatrix}$$

풀이

행렬 A의 역행렬을 구하려면, 행렬식 det(A)를 구해야 한다.

$$\begin{aligned}\det(A) &= a_{31}\times(-1)^{3+1}|M_{31}|+a_{32}\times(-1)^{3+2}|M_{32}|+a_{33}\times(-1)^{3+3}|M_{33}|\\&=5\times1\times5+6\times(-1)\times4+0\times1\times1=1\end{aligned}$$

여인수 행렬 C_{ij}를 구해보자. $C_{ij}=(-1)^{i+j}\det(M_{ij})$이므로, 모든 여인수 행렬들을 아래와 같이 구할 수 있다.

$$C_{11}=(-1)^{1+1}\det(M_{11})=\det\begin{bmatrix}1&4\\6&0\end{bmatrix}=-24$$

$$C_{12}=(-1)^{1+2}\det(M_{12})=-\det\begin{bmatrix}0&4\\5&0\end{bmatrix}=20$$

$$C_{13}=(-1)^{1+3}\det(M_{13})=\det\begin{bmatrix}0&1\\5&6\end{bmatrix}=-5$$

$$C_{21}=(-1)^{2+1}\det(M_{21})=-\det\begin{bmatrix}2&3\\6&0\end{bmatrix}=18$$

$$C_{22}=(-1)^{2+2}\det(M_{22})=\det\begin{bmatrix}1&3\\5&0\end{bmatrix}=-15$$

$$C_{23}=(-1)^{2+3}\det(M_{23})=-\det\begin{bmatrix}1&2\\5&6\end{bmatrix}=4$$

$$C_{31}=(-1)^{3+1}\det(M_{31})=\det\begin{bmatrix}2&3\\1&4\end{bmatrix}=5$$

$$C_{32}=(-1)^{3+2}\det(M_{32})=-\det\begin{bmatrix}1&3\\0&4\end{bmatrix}=-4$$

$$C_{33}=(-1)^{3+3}\det(M_{33})=\det\begin{bmatrix}1&2\\0&1\end{bmatrix}=1$$

여인수 행렬 $[C_{ij}]$는 다음과 같다.

$$[C_{ij}] = \begin{bmatrix} -24 & 20 & -5 \\ 18 & -15 & 4 \\ 5 & -4 & 1 \end{bmatrix}$$

$[A_{ij}]$의 전치행렬인 수반행렬 $[C_{ij}]^T$는 $\begin{bmatrix} -24 & 18 & 5 \\ 20 & -15 & -4 \\ -5 & 4 & 1 \end{bmatrix}$이다. 그러므로 행렬 A의 역행렬은

$\dfrac{1}{\det(A)}\begin{bmatrix} -24 & 18 & 5 \\ 20 & -15 & -4 \\ -5 & 4 & 1 \end{bmatrix} = \begin{bmatrix} -24 & 18 & 5 \\ 20 & -15 & -4 \\ -5 & 4 & 1 \end{bmatrix}$ 이다.

■ 연립 1차 방정식의 해

방정식의 차수는 각 항의 차수(즉 미지수의 개수) 가운데 가장 큰 차수를 의미한다. 따라서 각 항이 일차 이하인 다음의 방정식이 일차방정식의 일반형이다.

$$a_1x_1 + a_2x_2 + \cdots + a_nx_n = b,$$

여기서 $a_1, a_2 \cdots, a_n$: 상수, $x_1, x_2, \cdots, x_n$: 미지수

미지수가 n개인 일차방정식을 **n원 일차방정식**이라 하며, 특히 상수항b가 0인 일차방정식을 **동차(homogeneous)**일차방정식이라 한다.

일차방정식의 예를 들어보자.

(1) $2x = 4$(1원일차) (2) $x - 2y = 0$(2원일차) (3) $x - 2y + 3z = 1$(3원일차)

일차방정식의 해를 벡터로 표현하는 방법을 생각해 보자.

(1) $2x = 4$(일원일차방정식)

이 일차방정식은 유일한 해 $x = 2$를 갖는다.

(2) $x - 2y = 0$(이원일차방정식)

y가 임의의 수 c일 때, $x = 2c$이다. 따라서, 해를 벡터로 표현하면

$$X = \begin{bmatrix} x \\ y \end{bmatrix} = \begin{bmatrix} 2c \\ c \end{bmatrix} = c\begin{bmatrix} 1 \\ 2 \end{bmatrix}, c \in R$$

(3) $x-2y+3z=1$(삼원일차방정식)

y, z가 임의이 수 c, d일 때, $x=2c-3d+1$이다. 따라서, 이 방정식의 해를 벡터로 표현하면 다음과 같다.

$$X=\begin{bmatrix} x \\ y \\ z \end{bmatrix}=\begin{bmatrix} 2c-3d+1 \\ c \\ d \end{bmatrix}=c\begin{bmatrix} 2 \\ 1 \\ 0 \end{bmatrix}+d\begin{bmatrix} -3 \\ 0 \\ 1 \end{bmatrix}+\begin{bmatrix} 1 \\ 0 \\ 0 \end{bmatrix}, c\in R$$

연립일차방정식의 정의는 다음과 같다.

다음과 같은 두 개 이상의 일차방정식의 집합을 **연립일차방정식**이라 한다.

$$\begin{cases} a_{11}x_1+a_{12}x_2+\cdots+a_{1n}x_n = b_1 \\ a_{21}x_1+a_{22}x_2+\cdots+a_{2n}x_n = b_2 \\ \qquad\vdots \qquad\qquad\qquad\quad \vdots \\ a_{m1}x_1+a_{m2}x_2+\cdots+a_{mn}x_n = b_m \end{cases}$$

여기서 a_{ij}는 상수, $x_1, x_2, \cdots, x_n$은 미지수이다.

이 연립방정식을 행렬의 연산으로 표현하면 다음과 같다.

$$\begin{cases} a_{11}x_1+a_{12}x_2+\cdots+a_{1n}x_n = b_1 \\ a_{21}x_1+a_{22}x_2+\cdots+a_{2n}x_n = b_2 \\ \qquad\vdots \qquad\qquad\qquad\quad \vdots \\ a_{m1}x_1+a_{m2}x_2+\cdots+a_{mn}x_n = b_m \end{cases} \Leftrightarrow \begin{bmatrix} a_{11} & a_{12} & \cdots & a_{1n} \\ a_{21} & a_{22} & \cdots & a_{2n} \\ \vdots & \vdots & \ddots & \vdots \\ a_{m1} & a_{m2} & \cdots & a_{mn} \end{bmatrix}\begin{bmatrix} x_1 \\ x_2 \\ \vdots \\ x_n \end{bmatrix}=\begin{bmatrix} b_1 \\ b_2 \\ \vdots \\ b_m \end{bmatrix}$$

$$AX=B$$

$$A=\begin{bmatrix} a_{11} & a_{12} & \cdots & a_{1n} \\ a_{21} & a_{22} & \cdots & a_{2n} \\ \vdots & \vdots & \ddots & \vdots \\ a_{m1} & a_{m2} & \cdots & a_{mn} \end{bmatrix}, X=\begin{bmatrix} x_1 \\ x_2 \\ \vdots \\ x_n \end{bmatrix}, B=\begin{bmatrix} b_1 \\ b_2 \\ \vdots \\ b_m \end{bmatrix}$$

연립일차방정식을 행렬의 곱으로 표현한 예시는 아래와 같다.

(1) $\begin{cases} x+y=2 \\ x-y=0 \end{cases} \Rightarrow \begin{bmatrix} 1 & 1 \\ 1 & -1 \end{bmatrix}\begin{bmatrix} x \\ y \end{bmatrix}=\begin{bmatrix} 2 \\ 0 \end{bmatrix}$ (2) $\begin{cases} x+2y+z=2 \\ x-y+z=1 \end{cases} \Rightarrow \begin{bmatrix} 1 & 2 & 1 \\ 1 & -1 & 1 \end{bmatrix}\begin{bmatrix} x \\ y \\ z \end{bmatrix}=\begin{bmatrix} 2 \\ 1 \end{bmatrix}$

(3) $\begin{cases} x+2y+z=0 \\ x-y+z=0 \\ 2x-y-z=0 \end{cases} \Rightarrow \begin{bmatrix} 1 & 2 & 1 \\ 1 & -1 & 1 \\ 2 & -1 & -1 \end{bmatrix}\begin{bmatrix} x \\ y \\ z \end{bmatrix}=\begin{bmatrix} 0 \\ 0 \\ 0 \end{bmatrix}$

정의 5.14

연립방정식의 행렬표현이 $AX = B$일 때
(1) 행렬 A를 계수행렬(coefficient matrix)이라 한다.
(2) 행렬 A의 오른쪽 끝에 B를 열로 첨가한 행렬을 확대행렬(augmented matrix) 이라 한다.

예 5.14

$$\begin{cases} x+y+z+w &= -2 \\ x-y+2z+w &= 0 \\ 2x-y+z-w &= 1 \\ 3x-y-z-2w &= -3 \end{cases}$$

을 행렬모양으로 표시하고, 계수행렬과 확대행렬을 구하라.

풀이 이 연립방정식의 행렬표현은 $\begin{bmatrix} 1 & 1 & 1 & 1 \\ 1 & -1 & 2 & 1 \\ 2 & -1 & 1 & -1 \\ 3 & -1 & -1 & -2 \end{bmatrix} \begin{bmatrix} x \\ y \\ z \\ w \end{bmatrix} = \begin{bmatrix} -2 \\ 0 \\ 1 \\ -3 \end{bmatrix}$ 이다.

따라서 계수행렬은 $\begin{bmatrix} 1 & 1 & 1 & 1 \\ 1 & -1 & 2 & 1 \\ 2 & -1 & 1 & -1 \\ 3 & -1 & -1 & -2 \end{bmatrix}$, 확대행렬은 $\begin{bmatrix} 1 & 1 & 1 & 1 & -2 \\ 1 & -1 & 2 & 1 & 0 \\ 2 & -1 & 1 & -1 & 1 \\ 3 & -1 & -1 & -2 & -3 \end{bmatrix}$이다.

다음의 세 가지 기본연산은 방정식의 해에는 영향을 주지 않으므로, 연립방정식의 해를 구할 때 사용한다.

(1) 방정식이 양변에 영이 아닌 수를 곱한다.
(2) 하나의 방정식의 상수곱을 다른 방정식에 더한다.
(3) 두 방정식을 교환한다.

확대행렬의 각 행은 주어진 연립방정식의 각 방정식에 대응하므로 연립방정식의 해를 확대행렬에서의 연산들로 구할 수 있음을 앞에서 확인하였다. 확대행렬의 행에 관한 세 가지 기본연산들은 다음과 같이 정의된다.

정의 5.15

다음의 세 가지 연산을 기본행연산(elementary row operation이라 한다.
(1) 한 행에 0이 아닌 상수를 모두 곱한다. (kR_1)
(2) 두 행을 교환한다. $(R_i \leftrightarrow R_j)$
(3) 한 행의 상수곱을 다른 행에 더한다. $(R_i + kR_j)$
여기서, R_i는 제 i행을 의미한다.

예 5.15

다음 행렬의 기본행 연산을 수행하라

풀이

$$\begin{bmatrix} 1 & 2 \\ 2 & 1 \end{bmatrix} \xrightarrow{2R_1} \begin{bmatrix} 2 & 4 \\ 2 & 1 \end{bmatrix} \xrightarrow{R_1 \leftrightarrow R_2} \begin{bmatrix} 2 & 1 \\ 2 & 4 \end{bmatrix} \xrightarrow{R_1 - R_2} \begin{bmatrix} 0 & -3 \\ 2 & 4 \end{bmatrix}$$

확대행렬에서의 기본행연산은 연립일차방정식의 해에는 영향을 주지 않으므로, 이 연산을 이용하여 일차연립방정식을 쉽게 풀 수 있다.

정의 5.16 행 동치

행렬 A가 기본행연산에 의해 행렬 B로 변형되었을 때.
행렬 A와 행렬 B는 행동치(row equivalent) 행렬이라 하고 $A \sim B$로 표기한다.

예 5.16

연립일차방정식의 확대행렬을 행동치행렬로 변화시켜 해를 구하라.

풀이

$$\begin{cases} 2y - 8z = 8 \\ x - 2y + z = 0 \\ -4x + 5y + 9z = -9 \end{cases} \Leftrightarrow \begin{bmatrix} 0 & 2 & -8 & 8 \\ 1 & -2 & 1 & 0 \\ -4 & 5 & 9 & -9 \end{bmatrix} \underset{R_1 \leftrightarrow R_2}{\sim} \begin{bmatrix} 1 & -2 & 1 & 0 \\ 0 & 2 & -8 & 8 \\ -4 & 5 & 9 & -9 \end{bmatrix}$$

$$\underset{R_3 + 4R_1}{\sim} \begin{bmatrix} 1 & -2 & 1 & 0 \\ 0 & 2 & -8 & 8 \\ 0 & -3 & 13 & -9 \end{bmatrix} \underset{\frac{1}{2}R_2}{\sim} \begin{bmatrix} 1 & -2 & 1 & 0 \\ 0 & 1 & -4 & 4 \\ 0 & -3 & 13 & -9 \end{bmatrix} \underset{R_3 + 3R_2}{\sim} \begin{bmatrix} 1 & -2 & 1 & 0 \\ 0 & 1 & -4 & 4 \\ 0 & 0 & 1 & 3 \end{bmatrix}$$

$$\underset{R_1 + 2R_2}{\sim} \begin{bmatrix} 1 & 0 & -7 & 8 \\ 0 & 1 & -4 & 4 \\ 0 & 0 & 1 & 3 \end{bmatrix} \underset{R_1 + 7R_3}{\sim} \begin{bmatrix} 1 & 0 & 0 & 29 \\ 0 & 1 & -4 & 4 \\ 0 & 0 & 1 & 3 \end{bmatrix} \underset{R_2 + 4R_3}{\sim} \begin{bmatrix} 1 & 0 & 0 & 29 \\ 0 & 1 & 0 & 16 \\ 0 & 0 & 1 & 3 \end{bmatrix} \quad \therefore \begin{cases} x = 29 \\ y = 16 \\ z = 3 \end{cases}$$

연립일차방정식에서는 해집합의 유형을 세가지로 나눌 수 있다.

(1) 해가 존재하지 않는 경우.

(2) 유일한 해가 존재하는 경우

(3) 무수히 많은 해가 존재하는 경우

위와 같은 3가지의 경우에 대해 행동치 행렬이 어떤 형태를 가지는지 확인해 보자.

(1) 해가 존재하지 않는 경우

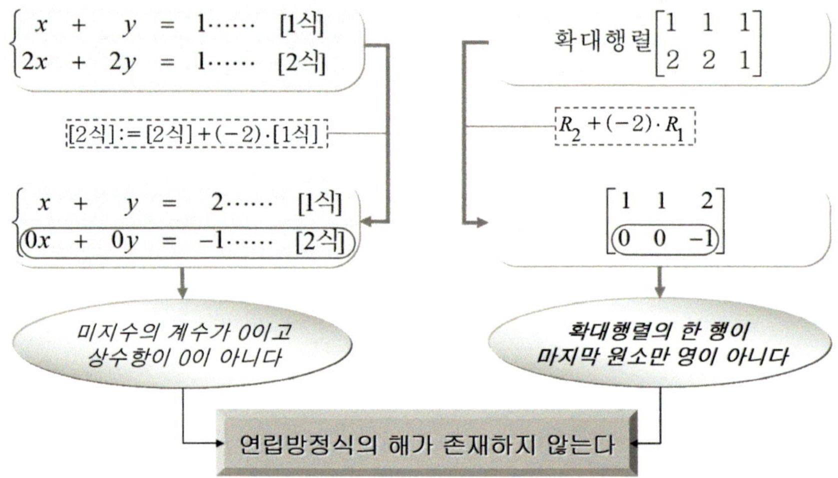

(2) 유일한 해가 존재하는 경우

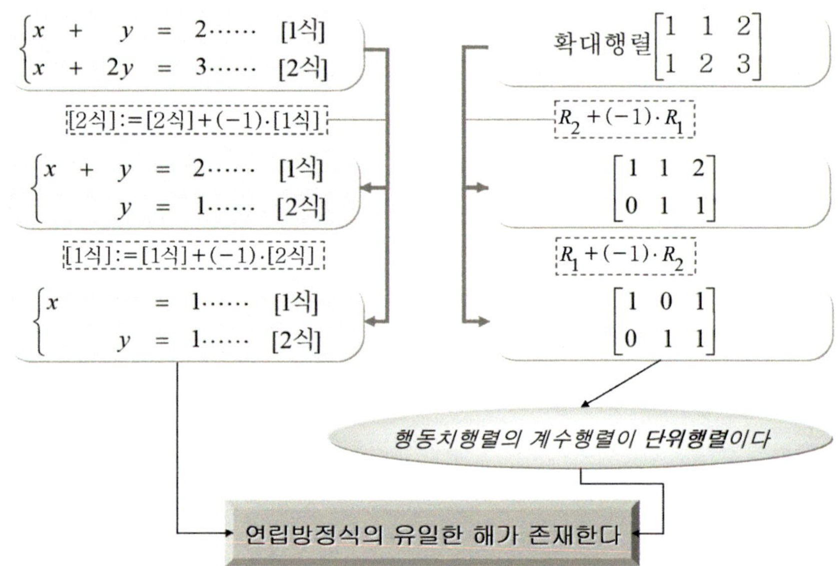

(3) 무수히 많은 해가 존재하는 경우

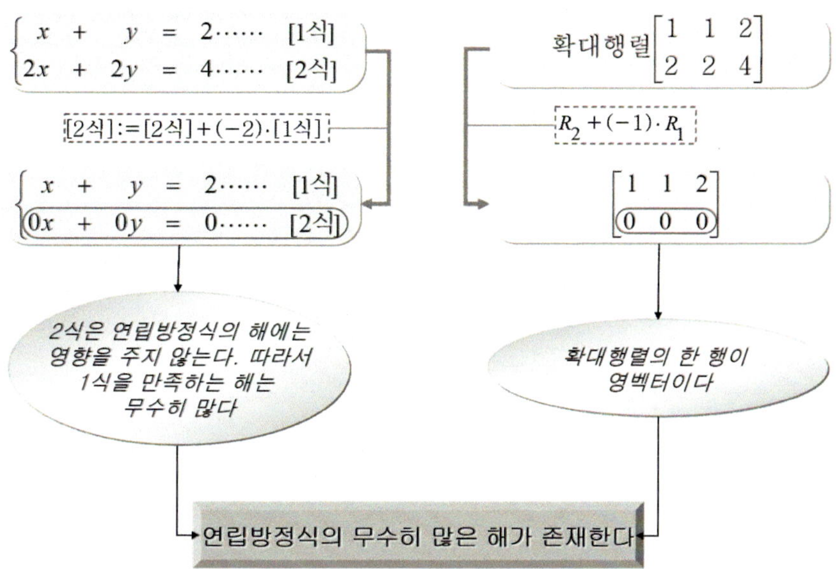

연습문제

기본문제

1 다음 행렬의 크기를 써라.

$$A = \begin{bmatrix} 1 & 2 & 3 \\ 4 & 5 & 6 \end{bmatrix}$$

2 다음 중 정방행렬인 것을 모두 선택하라.

(1) 2×3 행렬
(2) 3×3 행렬
(3) 1×4 행렬
(4) 4×4 행렬

3 행렬 $A = \begin{bmatrix} 1 & 2 \\ 3 & 4 \end{bmatrix}$ 에서 원소 a_{21} 의 값을 써라.

4 다음 중 항상 성립하는 것을 모두 선택하라.

(1) $A + B = B + A$
(2) $AB = BA$
(3) $A + O = A$
(4) $AI = A$

5 다음 행렬의 전치행렬 A^T를 구하라.

$$A = \begin{bmatrix} 1 & 0 \\ 2 & 3 \end{bmatrix}$$

6 다음 행렬 A, B에 대하여 $A + B$를 구하라.

$$A = \begin{bmatrix} 1 & 2 \\ 0 & 1 \end{bmatrix}, B = \begin{bmatrix} 2 & -1 \\ 3 & 0 \end{bmatrix}$$

7 다음 행렬 A 에 대하여 $3A$ 를 구하라.

$$A=\begin{bmatrix}-1 & 2\\ 0 & 4\end{bmatrix}$$

8 다음 행렬 A , B 에 대하여 AB 를 구하라.

$$A=\begin{bmatrix}1 & 2\\ 0 & 1\end{bmatrix},\ B=\begin{bmatrix}2 & 1\\ 1 & 3\end{bmatrix}$$

9 다음 행렬의 행렬식을 구하라.

$$A=\begin{bmatrix}2 & 1\\ 3 & 4\end{bmatrix}$$

10 다음 연립일차방정식을 행렬로 표현하라.

$$\begin{cases} x+2y=3 \\ 3x+\ \ y=5 \end{cases}$$

심화문제

1 행렬 곱셈에서 $AB \neq BA$ 가 일반적으로 성립하지 않는 이유를 써라.

2 다음 행렬의 행렬식이 0 이 의미하는 바를 써라.

06

함수

■ 함수의 정의

함수란 어떤 두 개 이상의 집합에 각각 소속되어 있는 원소들 간의 관계를 나타내는 수학적 모델이다. 함수는 수학뿐 아니라, 자연과학, 공학 등의 분야에서 중요한 역할을 한다. 한 집합에 소속된 원소를 다른 집합의 원소와 관련짓는 것은, 한 집합의 원소를 다른 집합의 원소에 대응시키는 개념과 같다. 이러한 대응을 함수라고 한다.

정의 6.1

두 개의 집합 A와 B가 있다고 가정할 때, A에 소속된 하나의 원소 a가 B에 소속된 하나의 원소 b에 대응될 경우, 이러한 대응을 나타내는 함수의 표현은 $f(a) = b$, $f: A \to B$로 표현할 수 있다. 이것은 A에 소속된 임의의 원소 a에 대해 함수 f에 의해 대응되는 유일한 B의 원소가 b라는 의미이고 이러한 b를 f(a)라 한다.

집합 A에 소속된 원소를 a, 집합 B에 소속된 원소를 b라 할 때, $f(a) = b$가 성립하면, f는 a와 b를 대응시키는 함수라 하고, 또는 b를 a의 f에 의한 상(image)이라고 하고 a는 b의 원상(preimage)라 한다. 이러한 관계에 대해 함수를 사상(mapping)이라고도 한다. 또는 a가 f에 의해 b로 바뀌었다는 관계에 대해 함수를 변환(transformation)이라고도 한다.

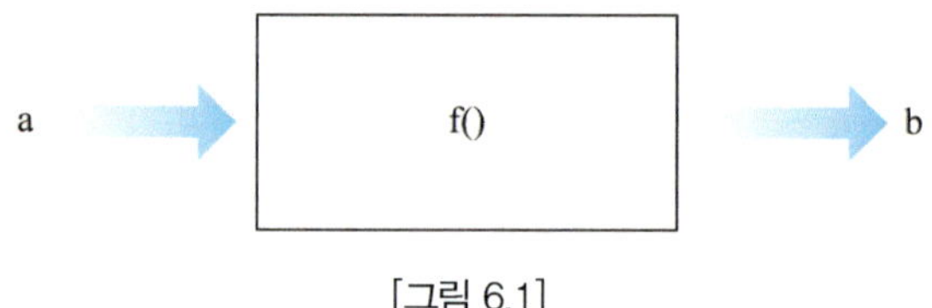

[그림 6.1]

[그림 6.1]에서 f()는 함수를 의미하고, a는 원상, b는 a의 상을 의미한다. 함수에서는, a를 입력(input), b를 함수 f에 의한 출력(output)이라고도 부른다.

정의 6.2

집합 A와 B가 존재하고, 함수 f가 A로부터 B로의 함수라면, A에 속한 원소들의 집합, 즉 A는 함수 f의 정의역(domain)이라 하고, B를 f의 공역(codomain)이라 한다. 그리고, B의 원소들 중 A의 원소들에 대응 되는 모든 원소들의 집합을 f의 치역(range)라 한다.

집합 A의 원소로부터 집합 B의 원소를 대응 시키는 함수 f와 g 가 있다고 가정하자. f의 정의역, 공역, 그리고 A의 원소와 B의 원소 간의 사상이 g의 그것들과 동일하다면 함수 f와 g는 동일한 함수라고 할 수 있다.

예 6.1

두 개의 집합 A와 B의 원소가 각각 A = {1, 2, 3}, B = {a, b, c}에 대해, f:A→B가 성립하고, f = {(1,a), (2,b), (3,c)}일 때, 함수 f의 정의역, 공역, 치역을 구하라.

풀이

집합 A의 모든 원소에 대해 대응되는 B의 원소가 존재하므로, f는 함수이다. f의 정의역(domain)은 Dom(f) = {1,2,3,4}이다. 공역은 집합 B의 원소에 해당되므로 공역={a,b,c}이며, f의 치역(range)은 A의 원소에 대응되는 B의 원소에 해당되므로 Ran(f) = {a,b,c}이다.

예 6.2

집합 A = {−1, 0, 1}이고, B = {−1, 0, 1}이다. 함수 f는 A의 원소를 B의 원소에 대응시키고, 함수 f는 $f(x) = x^2$이다. f가 함수인지 판단하고, 정의역, 공역, 치역을 구하라.

풀이

A의 모든 원소에 대해 대응되는 B의 원소는 다음과 같다.

f(-1) = 1, f(0) = 0, f(1) = 1. A의 모든 원소에 대해 대응되는 B의 원소는 유일하게 한 개만 정의되므로 f는 함수의 조건을 충족한다.

함수 f의 정의역 : Dom(f) = {-1, 0, 1}

함수 f의 공역 : Codom(f) = {-1, 0, 1}

함수 f의 치역 : range(f) = {0, 1}

예 6.3

다음 함수에 대하여, 함수의 정의역, 공역, 치역을 구하라.

(1) $f(x) = \sqrt{x}$

풀이

$f(x) = \sqrt{x}$ 는 $x < 0$에서는 정의되지 않는다. 그러므로, 정의역, 공역, 치역은 다음과 같다.

정의역 : $x \geq 0$인 실수

공역 : 실수

치역 : 0이상인 실수

(2) $g(x) = \log_{10}(x)$

풀이

$g(x) = \log_{10}x$는 $x > 0$에서만 정의된다. 그러므로, 이 함수의 정의역, 공역, 치역은 다음과 같다.

정의역 : $x > 0$인 실수

공역 : 실수

치역 : 실수

함수 f:A→B는 집합 A에서 B로의 관계로 정의될 수 있는데, 이 관계를 좌표평면상에 표현한 것을 함수의 그래프라고 하며, 다음과 같이 정의할 수 있다.

$$G = \{(a,b) \mid a \in A, b \in B, b = f(a)\}$$

위 관계를 만족하는 집합 G를 b=f(a)의 그래프라 한다.

■ 함수의 종류

함수 f:A→B에서, A의 원소와 B의 원소 간의 대응 관계에 따라 함수의 종류를 나눌 수 있다. 이렇게 나누어진 함수의 종류를 기반으로 함수의 특성을 파악할 수 있다.

정의 6.3 단사함수

f:X→Y일 때, 임의의 서로 다른 원소($x_1 \neq x_2$) $x_1 \in X, x_2 \in X$에 대하여, 즉, $x_1 \neq x_2$이면, $f(x_1) \neq f(x_2)$일 때, 함수 f는 단사함수(Injective Function 또는 Injection)라 한다.

단사함수에서는, 정의역에 속하는 모든 원소들은 서로 다른 상을 가진다. 모든 정의역 원소에 대해 대응되는 원소가 모든 공역의 원소일 필요는 없다. 아래의 그림은 단사함수의 예시를 보여준다.

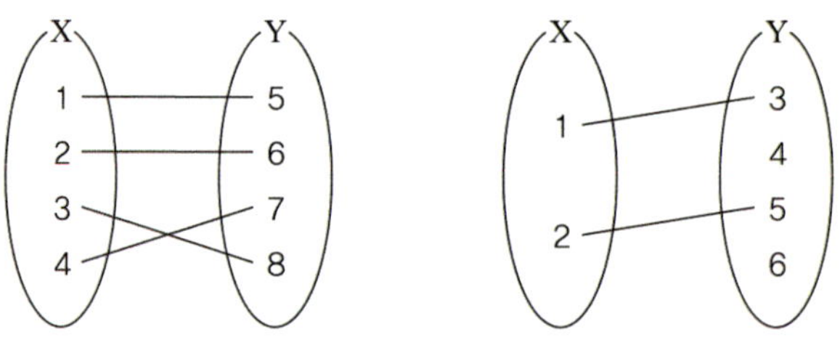

[그림 6.2] 단사함수의 예

예 6.4

다음의 함수가 단사함수인지 판별하라.

(1) f:N→N 일 때, $f(x)=x+1$

풀이

함수 f의 입력과 출력은 모두 자연수로 정의되어 있다. $f(x)=x+1$은 자연수 x라는 입력에 대해 출력도 자연수로 나온다. 또한 서로 다른 자연수 입력에 대하여 다른 출력이 나오므로 함수 f는 단사함수를 만족한다. 즉, $x_1 \neq x_2$ 라면, $f(x_1)=x_1+1$ 이고, $f(x_2)=x_2+1$이며, $x_1+1 \neq x_2+1$이므로 f는 단사함수이다.

(2) f:Z→Z일 때, $f(x)=x^2$

풀이

함수 f의 입력과 출력, 즉 정의역과 공역은 정수의 집합니다. $x_1 \neq x_2$일 때, $x_1^2 \neq x_2^2$이 성립된다면 f는 단사함수이다. 그러나, 만약 $x_1=-1$이고, $x_2=+1$일 경우, $x_1 \neq x_2$이지만, $x_1^2 = x_2^2$이므로, f는 단사함수의 조건을 만족하지 않는다.

정의 6.4 전사함수

함수 f:X→Y일 때, 공역의 모든 원소 $y \in Y$에 대해, y=f(x)를 만족하는 정의역 원소 $x \in X$가 적어도 한 개 이상 존재하는 함수를 전사함수(Surgective Function, Surjection)라 한다.

전사함수는 공역의 원소, 즉 함수 f의 출력값에 대응하는 정의역 원소가 한 개 이상 존재하는 함수를 의미한다.

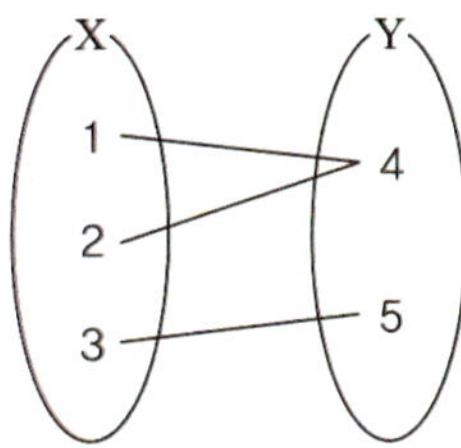

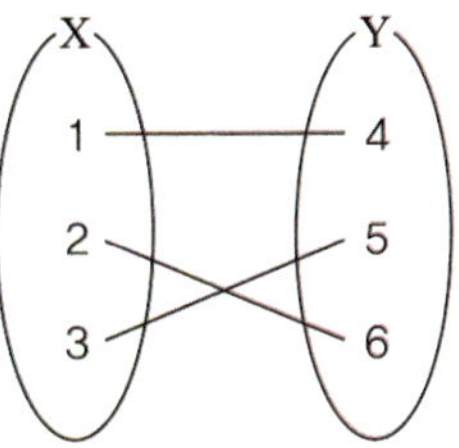

[그림 6.3]

[그림 6.3]은 전사함수의 예를 보여준다. 모든 공역 원소에 대응되는 정의역 원소가 한 개 이상 존재하면 되므로, 한 개의 공역 원소에 대응되는 정의역 원소가 두 개일 수도 있다.

예 6.5

다음의 함수가 전사함수인지 판별하라.

(1) f:X→Y에 대해 $X=\mathbb{R}$, $Y=\{y\in\mathbb{R}\,|y\ge 0\}$이고, $y=f(x)=|x|$이다.

풀이

임의의 0이상의 실수 y에 대해 y=|x| 만족하는 x가 적어도 한 개는 존재하므로, f는 전사함수 조건을 만족한다.

(2) f:X→Y에 대해 $X=\mathbb{R}$, $y=\mathbb{R}$, $y=f(x) = \sqrt{x}$ 이다.

풀이

모든 실수 y를 만족하는 x가 적어도 한 개 이상 존재하므로 f는 전사함수 조건을 만족한다.

(3) f:X→Y에 대해 $X=\mathbb{R}$, $Y=\{y\in\mathbb{R}\,|y<0\}$이고, $f(x) = x^2$이다.

풀이

x가 실수이므로, $f(x) = x^2$는 0 이상의 실수이다. 즉, 음수의 집합인 y에 대응하는 x는 존재하지 않으므로, f는 전사함수를 만족하지 못한다.

정의 6.5 전단사함수

f:X→Y에 대해, 함수 f가 전사함수이면서 단사함수인 경우 f를 전단사함수(Bijective Function 또는 One-to-One Correspondence)라 한다. 일대일 대응이라고도 한다.

전단사함수는 전사함수임과 동시에 단사함수를 만족하는 함수이다. 다시 말해서, 한 개의 정의역에 대해 대응되는 단 하나의 공역 원소가 있는 경우 이 함수는 전단사함수이다. 전단사함수로 정의 되는 정의역과 공역의 대응에 대해서, 정의역의 원소 개수와 공역의 원소 개수는 동일하며, 공역과 치역은 동일한 집합이다. 이 조건을 만족하지 않는다면 함수는 전단사함수가 될 수 없다.

예 6.6

다음의 함수가 전단사 함수인지 판별하라.

(1) f:X→Y에 대해 X = {1,2,3}이고, Y = {a,b,c}일 때, 정의역과 공역의 원소의 대응 관계 f = {(1,a), (2,c), (3,b)}

풀이

서로 다른 정의역 원소에 대응되는 공역의 원소가 서로 다르므로, f는 단사함수이다.

모든 공역의 원소에 대응되는 정의역 원소가 한 개 이상 존재하므로 f는 전사함수이다.

f는 전사함수이면서 단사함수이므로, f는 전단사함수의 조건을 만족한다

(2) f:X→Y에 대해 X = {1,2,3}이고, Y = {a,b,c,d}일 때, f = {(1,a), (2,b), (3,c)}

풀이

서로 다른 정의역 원소에 대응되는 공역의 원소가 서로 다르므로, f는 단사함수이다

모든 공역 원소에 대응되는 정의역 원소가 한 개 이상 존재 여부를 살펴보면 d에 대응되는 정의역 원소가 없으므로 f는 전사함수가 아니다.

그러므로 f는 전단사함수 조건을 만족하지 못한다.

정의 6.6 항등함수

f:X→Y에서 X=Y이고, 모든 $x \in X$에 대하여 $f(x) = x$로 정의되는 함수

항등함수를 만족하기 위해서는 정의역과 공역이 같고, 공역과 치역이 상등이어야 한다. 또한 서로 다른 입력에 대해 서로 다른 출력으로 대응되어야 하고, 모든 공역 원소에 대해 y=f(x)를 만족하는 정의역 원소가 존재해야 하므로, 항등함수는 전단사함수이기도 하다.

예 6.7

f:X→X에 대해 X는 자연수의 집합이고, f(x)=x이다. 이 함수가 항등함수 인지 판별하라.

풀이

f(x)=x이고 x는 자연수이므로, 함수 f의 정의역에 대응되는 공역은 x와 동일하다. 그러므로 f는 항등함수이다.

정의 6.7 역함수

전단사함수 f:X→Y에 대해 $(x \in X, y \in Y)$, y=f(x)이고, g:Y→X에 대해 g(y)=x일 때, $f^{-1}(y) = x$ 이다.

역함수를 구하기 위해서는 함수가 전단사함수이어야 한다. 함수 f의 정의역은 역함수 f^{-1}의 공역이 되고, f의 공역은 f^{-1}의 정의역이 된다.

예 6.8

다음의 함수가 가역함수인지 판별하라.

(1) f(x) = 2x+1

풀이

함수 f는 전단사함수이다. y=f(x)=2x+1에서 f의 정의역은 x이고, 공역은 y이다. 역함수를 구해보면 x=(y-1)/2이며 f의 공역 y에 대해 대응되는 x가 존재한다. 그러므로 f는 역함수가 존재하는 가역함수이다.

(2) f(x) = x^2

풀이

함수 f는 단사함수가 아니다. 그러므로 f는 가역함수가 아니다.

(3) f(x) = x^3

풀이

함수 f는 전단사함수이다. 또한 역함수를 구해보면, 역함수 또한 전단사함수이다. 그러므로 f는 역함수가 존재하는 가역함수이다.

정의 6.8 상수함수

함수 f:X→Y에서 X의 모든 원소에 대해 대응되는 Y의 원소는 단 하나인 경우 f를 상수함수라 한다.

예 6.9

함수 f:X→Y에 대해, X와 Y는 모두 실수이고, Y는 3이다. 즉, y = f(x)에서 f(x)=3이다($x \in X$, $y \in Y$). 이 함수에 대해 설명하라.

풀이

이 경우, 모든 실수 x에 대해 출력은 3으로서 단 하나의 값만 가지므로 함수 f는 상수함수이다.

■ 합성함수

앞에서 다루었던 함수는 모두 입력 데이터로 이루어진 집합 X에 대응되는 출력 데이터 Y 사이의 관계를 정의하는 것이었다. 즉, f:X→Y, 또는 f(x)=y ($x \in X$, $y \in Y$)로 표현되는 함수였다. 이러한 함수를 데이터의 입·출력의 관점에서 본다면 "단일입력"과 "단일출력"을 가지는

"단일입·출력 함수"라 할 수 있다. 또한, 단일함수 f에 의해 입력과 출력간의 관계를 나타내었다.

그러나 많은 시스템들은 단일함수로 표현되기 보다는 여러 단계를 거쳐서 출력으로 나오는 경우가 많다. 아래의 [그림 6.4]는 단일입·출력 함수로 표현되는 시스템을 나타내고 있다.

[그림 6.4] 단일 함수로 표현되는 입력과 출력의 관계

입력데이터가 여러 단계를 거쳐서 출력으로 나오는 시스템을 함수로 표현하기 위해서는 단일 함수가 아닌 여러 개의 함수를 사용해야 한다. 이렇게 최초의 입력 데이터를 이용하여 두 개 이상의 함수들이 동작한 후 최종출력으로 나오는 시스템을 함수로 표현한 것을 합성함수라 한다.

아래의 [그림6.5]는 합성함수를 표현한 입력과 출력의 대응을 그림으로 표현하고 있다.

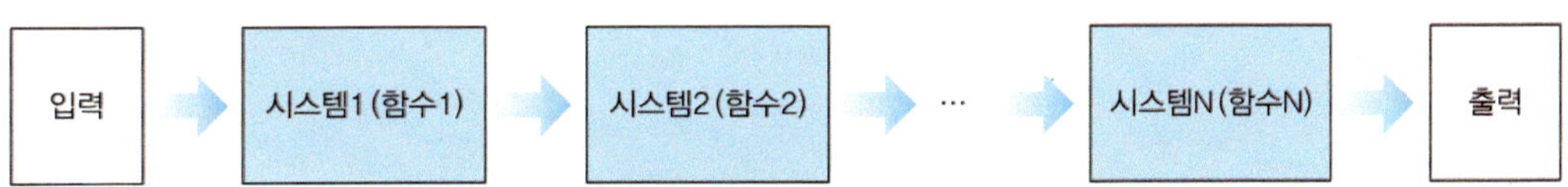

[그림 6.5] 합성함수로 표현되는 입력과 출력의 관계

아래 그림에서 나타내는 입력과 출력의 관계를 보도록 하자.

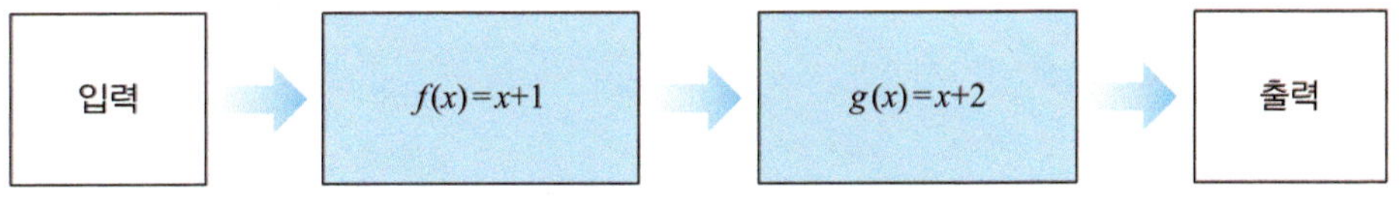

[그림 6.6] 합성함수 예시

[그림 6.6]에서는 최초의 입력이 함수 f(x)를 통과한 후, f(x)를 통과한 출력이 g(x)를 통과한다. g(x)를 통과한 출력이 최종출력이 된다. 예를 들어 최초 입력 x가 1이라고 가정해 보자. 입력 x는 함수 f를 통과한 후 2라는 출력을 얻는다. f의 출력인 2는 함수 g의 입력이 된다. 함수 g를 통과한 2는 출력 4를 얻는다. 그리하여 이 시스템의 최종출력 4가 나오게 되는 것이다.

정의 6.9 합성함수

두 함수 f:X→Y와 g:Y→Z 가 있을 때, 집합 X의 각 원소를 집합 Z의 각 원소에 대응하는 함수이며, 함수 f를 먼저 수행하고 g를 수행할 경우 다음과 같이 표기한다

$$g \circ f = (g \circ f)(x) = g(f(x))$$

합성함수를 그림으로 표현하면 다음과 같다.

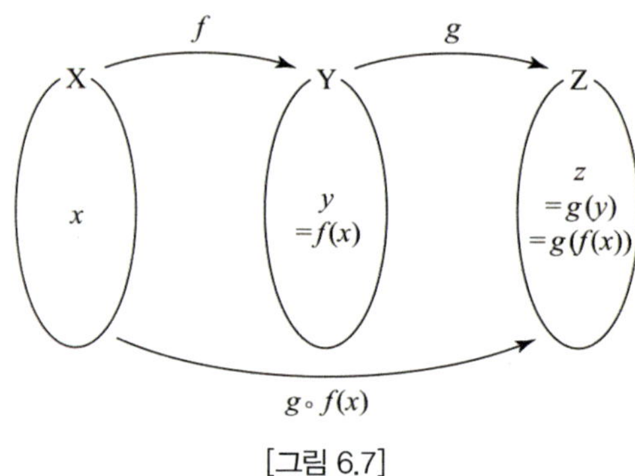

[그림 6.7]

f:X→Y, g:Y→Z에서 집합 X는 f의 정의역이고, Y는 f의 공역이다. 또한 Y는 함수 g의 정의역이기도 하며, Z는 g의 공역이다.

예 6.10

함수 f:X→Y와 g:Y→Z 가 다음과 같을 경우 f와 g의 합성함수 g∘f : X → Z를 나타내라.

X = {1,2,3}, Y={k,l,m}, Z = {p,q}

f = {(1,k), (2,l), (3,m)}, g = {(k,q), (l,p), (m,p)}

풀이

위 함수 f와 g로부터 다음을 알 수 있다.

f(1) = k, f(2) = l, f(3) = m, g(k) = q, g(l) = p, g(m) = p

함수 g의 정의역은 f의 치역이므로, 함수 g는 다음과 같이 다시 쓸 수 있다.

g(f(1)) = q, g((f(2)) = p, g(f(3)) = p

그러므로 g∘f : X → Z, 즉 f와 g의 합성함수는 다음과 같다

g∘f = {(1,q), (2,p), (3,p)}

예 6.11

$f:\mathbb{R}\rightarrow\mathbb{R},\ g:\mathbb{R}\rightarrow\mathbb{R}$**에 대해,** $f(x)=x+1, g(x)=x^2, h(x)=\sqrt{x}$ **일 때, 다음을 구하라.**

(1) $(g \circ f)(x)$

풀이

$g(f(x)) = g(x+1) = (x+1)^2$

(2) $(f \circ g)(x)$

풀이

$f(g(x)) = f(x^2) = x^2+1$

(3) $(f \circ h)(x)$

풀이

$f(h(x)) = f(\sqrt{x}) = \sqrt{x}+1$

(4) $(h \circ g)(x)$

풀이

$h(g(x)) = \sqrt{g(x)} = \sqrt{x^2} = |x|$

(5) $(f \circ g \circ h)(x)$

풀이

$f(g(h(x))) = f(g(\sqrt{x})) = f(\sqrt{x}^2) = f(x) = x+1, (x \geq 0)$

정의 6.10 바닥함수

$x\in\mathbb{R}$에 대하여, x와 같거나 x보다 작은 정수들 중 가장 큰 정수를 출력하는 함수

$$\lfloor x \rfloor = n(n \leq x < n+1,\ n\in\mathbb{Z})$$

정의 6.11 천정함수

$x\in\mathbb{R}$에 대하여, x와 같거나 x보다 큰 정수들 중 가장 작은 정수를 출력하는 함수

$$\lceil x \rceil = n(n-1 < x \leq n,\ n\in\mathbb{Z})$$

예 6.12

다음을 구하라.

(1) $\lfloor \pi \rfloor$

풀이

π 보다 작은 수 중 가장 큰 정수는 3이다.

(2) $\lceil \pi \rceil$

풀이

π 보다 큰 수 중 가장 작은 정수는 4이다.

(3) $\lfloor 1+\lceil \pi \rceil \rfloor$

풀이

$\lfloor 1+\lceil \pi \rceil \rfloor$ 에서 $\lceil \pi \rceil$ 는 4이므로, $\lfloor 1+4 \rfloor=5$이다

연습문제

기본문제

1 함수의 정의를 집합 관점에서 간단히 써라.

2 다음 함수에 대하여 정의역과 치역을 구하라.

$f : \mathbb{R} \to \mathbb{R},\ f(x) = \sqrt{x}$

3 집합 $A = \{1,2,3,4\}$, $B = \{a,b,c\}$ 이고 $f = \{(1,a),(2,b),(3,c)\}$ 일 때, 이 관계가 함수인지 판단하고 이유를 써라.

4 다음 함수가 단사함수인지 여부를 판단하라.

$f : \mathbb{N} \to \mathbb{N},\ f(x) = x+1$

5 다음 함수가 전사함수인지 여부를 판단하라.

$f : \mathbb{R} \to \mathbb{R},\ f(x) = x^2$

6 다음 함수가 전단사함수인지 여부를 판단하라.

$f : \mathbb{R} \to \mathbb{R},\ f(x) = x^3$

7 함수 $f(x) = x+1$, $g(x) = x^2$ 에 대하여 다음을 구하라.

(1) $(g \circ f)(x)$ (2) $(f \circ g)(x)$

8 다음 함수의 역함수가 존재하는지 판단하고, 존재한다면 역함수를 구하라.

$f(x) = 2x+1$

9 다음 값을 구하라.

(1) $\lfloor \pi \rfloor$ (2) $\lceil \pi \rceil$

10 함수 $f : \mathbb{R} \rightarrow \mathbb{R},\ f(x) = 3$ 에 대하여 이 함수의 종류를 쓰고, 단사·전사 여부를 각각 판단하라.

심화문제

1 함수 $f(x) = x^2$ 가 단사함수가 아닌 이유를 입력-출력 관점에서 써라.

2 함수 $f(x) = 2x + 1$ 이 역함수를 가지는 이유를 써라.

07

그래프

■ 개요

그래프는 표현의 관점에서 본다면, 정점(vertex)과 정점들을 연결하는 변(edge)으로 구성되어 있다. 그래프는 다양한 분야에서 데이터, 데이터들 간의 관계, 데이터들의 처리 과정 등을 모델링하기 위해 많이 사용된다. 순수수학 뿐 아니라 컴퓨터공학 및 컴퓨터과학 분야, 인공지능 분야를 포함한 다양한 순수 및 응용과학, 공학 분야에서 그래프는 많이 사용되고 있다.

아래 그림은 부산의 지하철 노선도를 나타낸 것이다. 이 노선도는 역으로 표현된 정점과 역과 역 사이를 이어주는 선인 변으로 구성된 그래프로 볼 수 있다.

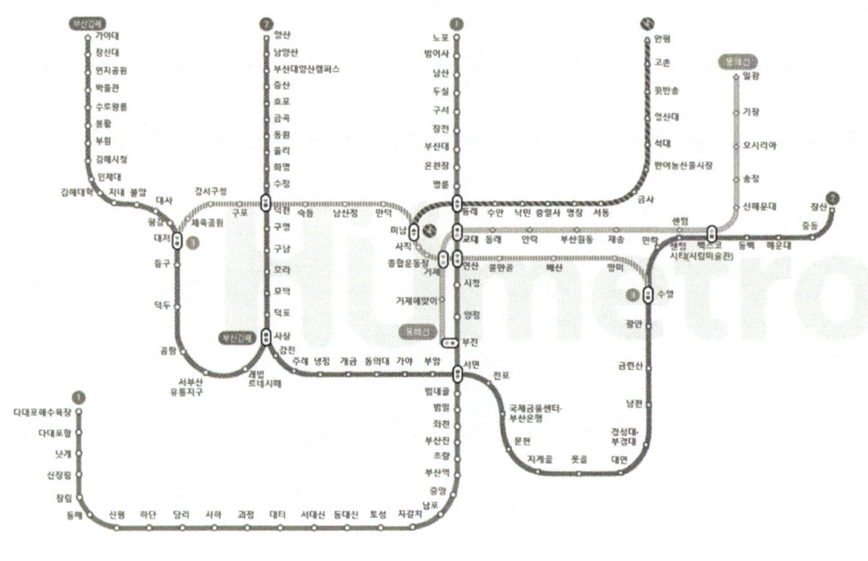

[그림 7.1]

이 뿐만 아니라 그래프로 모델링 할 수 있는 분야는 통신 네트워크, 전기회로, 전력배선망 등 다양하고, 그래프의 다양한 이론을 활용할 경우, 이러한 분야의 설계나 구성을 효율적으로 할 수도 있다.

아래 그림은 그래프 이론을 시작하게 만든 쾨니히스베르크의 다리 문제를 나타낸 그림이다.

[그림 7.2]

쾨니히스베르크의 다리 문제를 그래프로 모델링 하면 아래 그림 7.3과 같다.

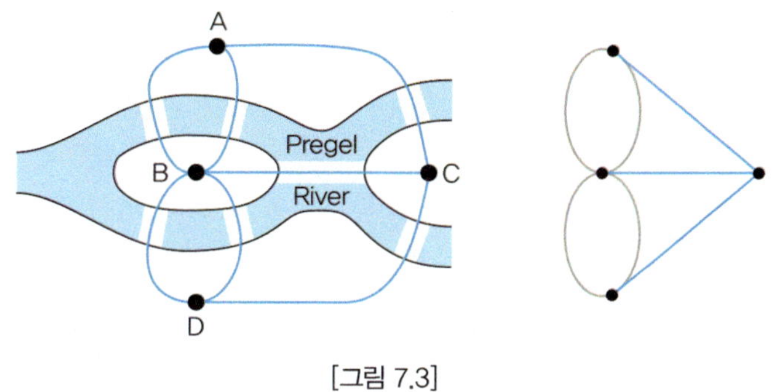

[그림 7.3]

쾨니히스베르크 다리 문제는 다음의 질문에 대한 답을 구하는 것이다.

“쾨니히스베르크시의 한 가운데는 프레겔강이 흐르고 있고 여기에는 가운데 섬들과 연결되어있는 일곱 개의 다리가 있다. 그 다리들을 한 번씩만 차례로 모두 건널 수 있겠는가?”

이 문제는 한붓그리기 문제로 해석될 수 있으며, 이 문제를 풀기 위해 답을 찾던 중 위상수학이라는 분야의 탄생으로 이어지기 까지 했다. 이문제는 그래프의 특성을 활용하여 답을 얻을 수 있었으며, 이것은 그래프 이론 분야의 탄생으로 이어졌다.

이 단원에서는 그래프의 개념, 그래프의 종류, 그리고 그래프의 특성에 대한 내용을 학습하도록 한다.

■ 그래프의 기본 개념

그래프는 정점(vertex) (또는 꼭짓점)와 변(edge)로 구성되어 있으며, 이 두 개를 이용하여 표현한다. 일반적으로 그래프를 표현할 때, 정점과 변을 이용하여 그림으로 표현하며, 수학의 집합이나 함수 등을 이용하여 표현하기도 한다. 그래프의 정점은 점이나 작은 원 등으로 표현할 수 있고, 변은 화살표가 있거나 없는 경우로 나뉜다. 화살표가 있는 변과 정점으로 표현된 그래프를 방향그래프(directed graph)라 하고, 화살표가 없는 변과 정점으로 표현할 경우 무방향 그래프라 한다. 무방향 그래프(undirected graph)일 경우에는 그냥 그래프(graph)라 부른다.

정의 7.1 그래프(Graph)

그래프 G는 공집합이 아닌 정점의 집합 V와 변의 집합 E로 정의된다. 즉 다음과 같이 표현된다.

$G \equiv (V,E)$

정점의 집합 V는 n개의 정점으로 구성되어 있고, 변의 집합 E는 m개의 변으로 구성되어 있다.

$V = \{v_1, v_2, \ldots\ldots, v_n\}, E = \{e_1, e_2, \ldots\ldots, e_m\}$

그래프에서의 변은 두 개의 정점을 연결한다. 그러므로 $e_k = (v_i, v_j)$이며, 일반적으로 i와 j는 서로 다른 값이다. e_k가 존재할 경우, 두 정점 v_i와 v_j는 서로 인접(adjacent)한다, 또는 이웃한다(neighbor)고 한다. 그리고 e_k는 두 정점 v_i와 v_j에 근접(incident)한다, 또는 연결한다(connect)고 한다.

방향이 없는 그래프일 경우 $e_k = (v_i, v_j)$와 $e_k = (v_j, v_i)$는 같은 표현이지만, 방향이 있는 그래프일 경우 이 두 개는 다른 표현이다.

v_i → v_j, $e_k = (v_i, v_j)$ v_i ← v_j, $e_k = (v_j, v_i)$

[그림 7.4]

방향이 있는 그래프일 경우, 변은 시작정점을 먼저 쓰고, 종료정점을 뒤에 쓴다.

변은 두 개의 정점을 연결한다고 하였는데, 이 두 개의 정점이 동일한 경우 이 변을 루프(loop)라 한다.

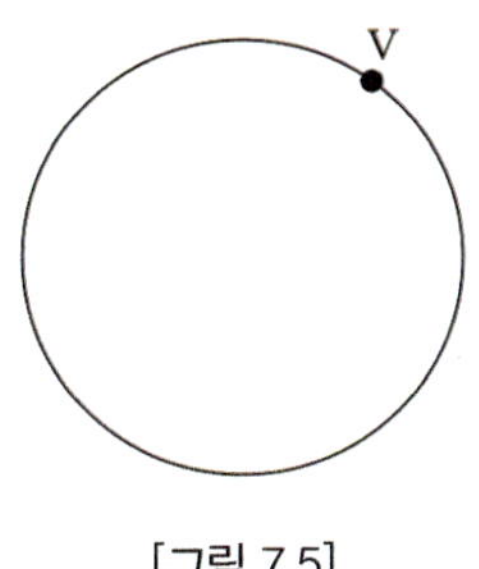

[그림 7.5]

loop를 아래와 같이 그릴 수도 있다.

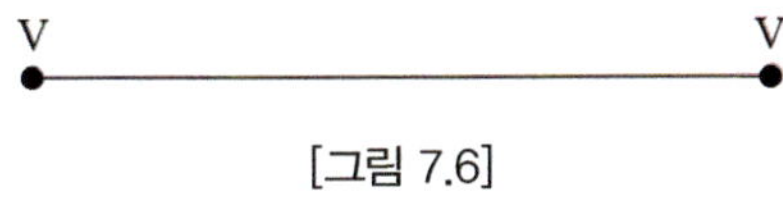

[그림 7.6]

예 7.1

다음 그래프를 정점과 변의 집합으로 표현하라

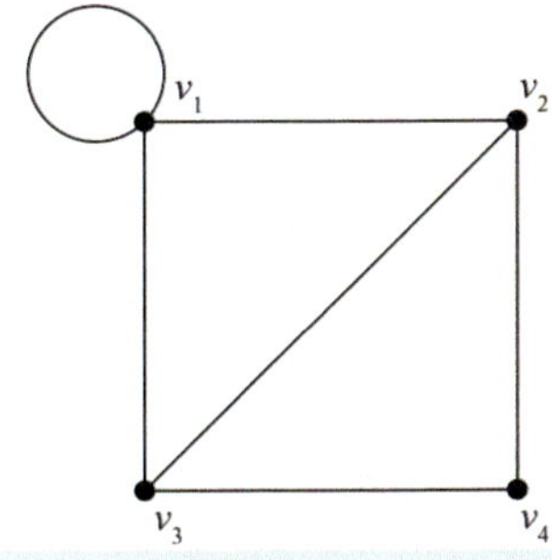

[그림 7.7]

풀이

이 그래프는 4개의 정점과 6개의 변으로 구성되어 있다. 정점의 집합 V는 다음과 같다.

$V = \{v_1, v_2, v_3, v_4\}$

정점들을 잇는 변의 집합 E는 다음과 같다

$E = \{e_1, e_2, e_3, e_4, e_5, e_6\} = \{(v_1, v_2), (v_1, v_3), (v_2, v_3), (v_2, v_4), (v_3, v_4), (v_1, v_1)\}$

정의 7.2 **다중그래프**

그래프 G에서 두 정점 사이를 잇는 변이 두 개 이상인 그래프

아래의 그래프는 정점 두 개, v_i 와 v_j 를 잇는 변이 2개인 다중그래프이다

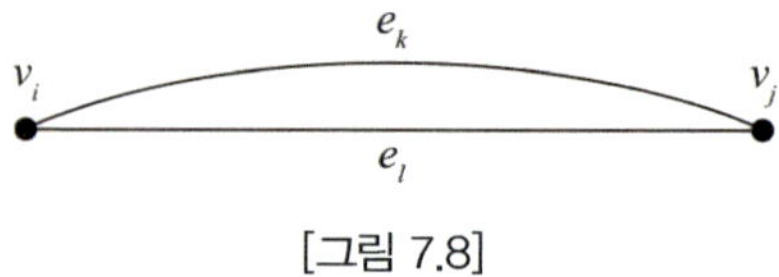

[그림 7.8]

정의 7.3 **가중치 그래프**

그래프 G에서 두 정점 사이를 잇는 변에 가중치가 부여된 그래프

아래 그림은 그래프에서 정점 두 개, v_i 와 v_j 를 잇는 변에 각각 3과 4의 가중치가 부여된 가중치그래프를 나타낸다.

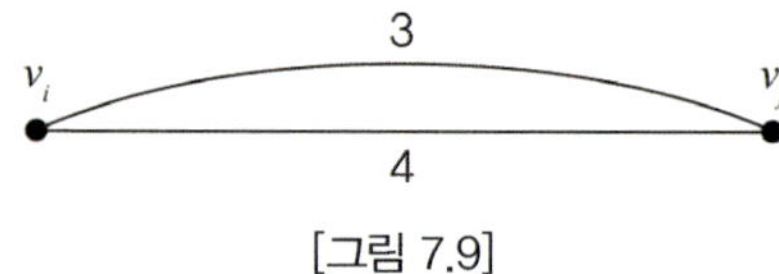

[그림 7.9]

정의 7.4 **그래프의 차수**

그래프 G에서 임의의 정점 v에 근접하는 변의 수.

그래프의 차수는 임의의 정점 v에 인접하는 변의 수로서, d(v)로 표기한다. 아래 그래프로부터 차수에 대해 알아보자.

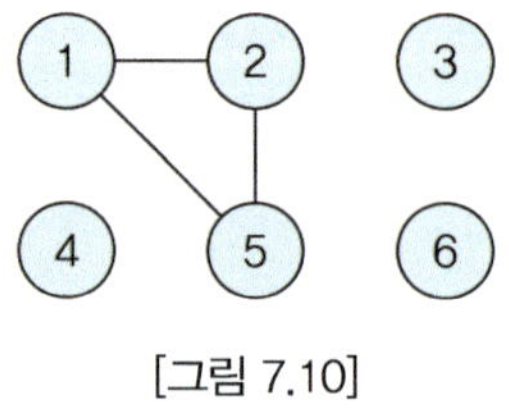

[그림 7.10]

이 그래프는 6개의 정점과 4개의 변으로 이루어진 그래프이다.

그래프 G=(V,E)일 때, 그림 7.10의 그래프에서 V와 E는 각각 다음과 같다.

$$V = \{1,2,3,4,5,6\}$$

$$E = \{(1,2), (1,5), (2,5), (3,6)\}$$

각 정점의 차수는 다음과 같다.

d(1) = 2, d(2) = 2, d(3) = 1, d(4) = 0, d(5) = 2, d(6) = 1

정점 1, 2, 5는 차수가 2로서 짝수이다. 정점 3, 6은 차수가 1로서 홀수이다. 그래프의 모든 정점은 홀수, 짝수 또는 0의 차수를 가지고 있다.

[그림 7.5]와 같은 루프(loop)의 경우, 무방향그래프에서 정점 V의 차수는 d(V) = 2이다.

다음의 방향그래프를 보자.

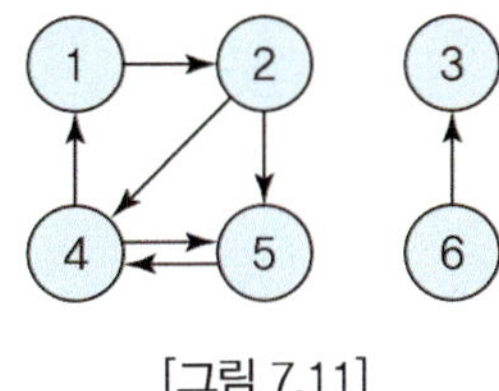

[그림 7.11]

그래프 G=(V,E)에서 V와 E는 다음과 같다.

V = {1,2,3,4,5,6}

E = {(1,2), (2,4), (2,5), (4,1), (4,5), (5,4), (6,3)}

이 그래프는 방향그래프이므로, 정점을 잇는 변을 나타낼 때, 정점을 표기하는 순서가 중요하다. 무방향 그래프에서는 정점을 표기하는 순서는 바뀌어도 상관없다.

정점들의 차수를 계산할 때, 화살표의 방향을 고려해야 한다. 정점을 시작으로 화살표가 나가는 방향인 경우와 정점으로 화살표가 들어오는 경우가 있다. 전자의 경우에는 외차수(out-d(v))라 하고, 후자의 경우에는 내차수(in-d(v))라 한다.

위 그래프의 차수를 구해보자

in-d(1) = 1, in-d(2) = 1, in-d(3) = 1, in-d(4) = 1, in-d(5) = 2, in-d(6) = 0

out-d(1) = 1, out-d(2) = 2, out-d(3) = 0, out-d(4) = 2, out-d(5) = 1, out-d(6) = 1

아래의 루프(loop)에서 정점 v의 차수를 구해보자

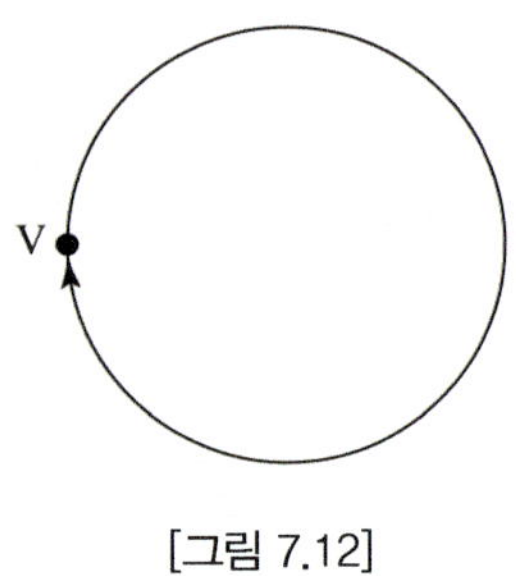

[그림 7.12]

정점 v를 기준으로, 밖으로 나가는 화살표는 1개이므로 외차수 out-d(v)=1이다. 또한 정점 v로 들어오는 화살표도 1개이므로 내차수 in-d(v)=1이다.

정의 7.5 악수정리

그래프 G=(V,E)에서 변의 개수가 |E|일 때, 모든 정점의 차수의 합은 |E|의 2배이다.

악수정리는 무방향 그래프에 적용되며, 방향 그래프에서는 진입차수와 진출차수에 대해 각각 적용된다.

예 7.2

아래 그래프들에서 악수정리가 성립함을 보여라.

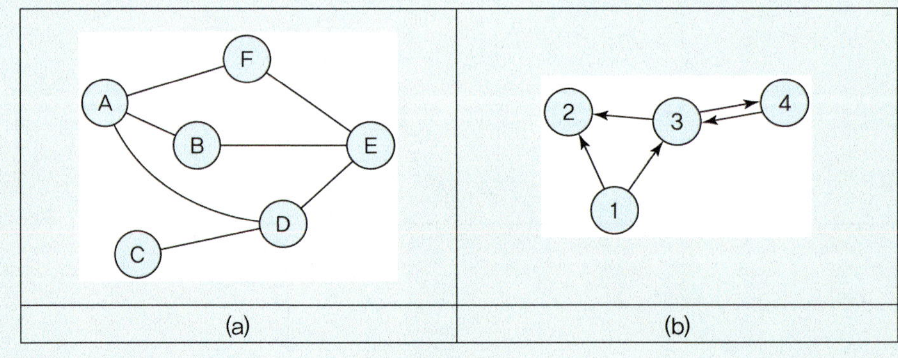

[그림 7.13]

풀이

(a)

변의 개수는 7개이므로 |E|=7이다.

각 정점의 차수는 d(A) = 3, d(B)=2, d(C) = 1, d(D) = 4, d(E) = 2, d(F) = 2. 차수의 합은 3+2+1+4+2+2 = 14. 14 = 2|E|가 성립함을 확인할 수 있다.

(b)

변의 개수는 5이므로 |E|=5이다.

각 정점의 차수는 아래와 같다.

내차수 : in-d(1) = 0, in-d(2) = 2, in-d(3) = 2, in-d(4)=1

외차수 : out-d(1) = 2, out-d(2) = 0, out-d(3) = 2, out-d(4)=1

내차수와 외차수를 모두 더하면 10이다. 그러므로 방향그래프에서도 악수정리가 성립함을 확인할 수 있다.

정리

악수정리

방향성 그래프 G=(V, E)에서는 내차수(in−d(v))의 합은 외차수(out−d(v))의 합과 동일하며, 변의 개수와 동일하다.

$$\sum_{v \in V}(\in - \mathrm{d}(\mathrm{v})) = \sum_{\mathrm{v} \in \mathrm{V}}(\mathrm{out} - \mathrm{d}(\mathrm{v})) = |\mathrm{E}|$$

■ 그래프의 종류

정의 7.6 완전그래프 (Complete graph)

그래프 G=(V,E)에서의 모든 정점 사이에 변이 있는 그래프.

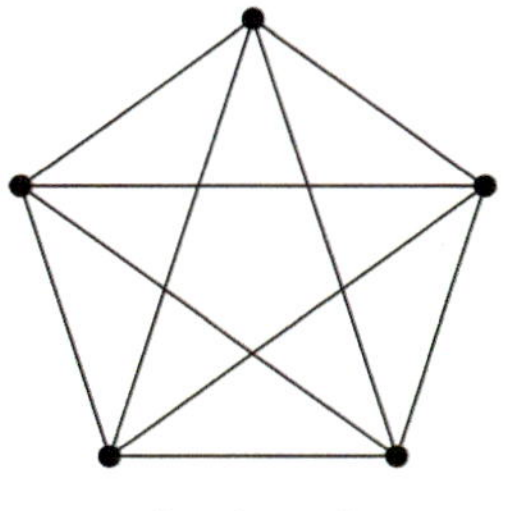

[그림 7.14]

위의 그래프처럼 모든 정점 사이를 연결하는 변이 존재할 경우, 이 그래프를 완전그래프라 한다. 완전 그래프는 임의의 정점의 차수 d(v)와 정점의 개수 n 사이의 관계가 다음과 같다.

$$d(v) = n-1$$

정의 7.7 정규그래프 (Regular graph)

그래프 G=(V,E)에서 모든 정점의 차수가 동일한 그래프

정규그래프는 모든 정점의 차수가 같다. 그러므로 완전그래프는 정규그래프이기도 하다. r-정규 그래프(r-regular graph)는 모든 정점의 차수가 r인 그래프를 의미한다. 아래의 그래프들은 모두 정규 그래프이고, 특히 모든 정점의 차수가 2인 2-정규그래프이다.

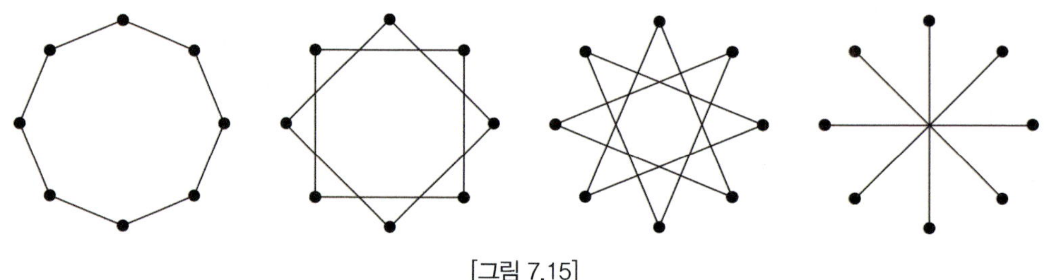

[그림 7.15]

정의 7.8 연결그래프 (Connected graph)

그래프 G=(V,E)에서 임의의 정점 사이에 경로가 있는 그래프

그래프 이론에서 경로(path)는 동일한 정점을 거치지 않는 변들의 열이다.

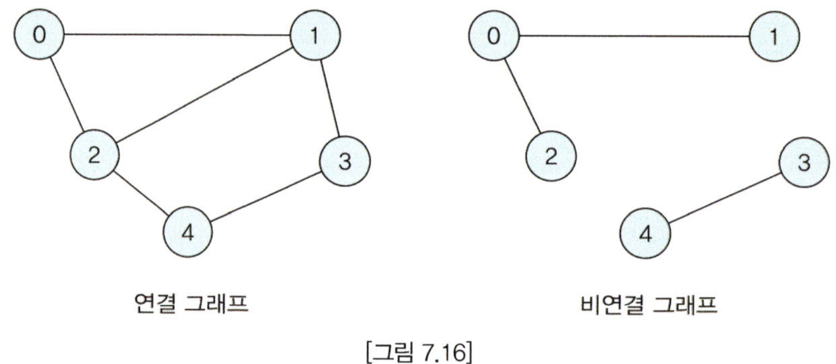

[그림 7.16]

위 그림처럼, 임의의 두 정점 사이를 연결하는 변이 존재하지 않을 경우(예 : 정점 2와 정점 4, 정점 1과 정점 3), 이 그래프는 비연결 그래프이다.

정의 7.9 평면그래프(Planar graph)

연결그래프 G=(V,E)를 평면상에 그릴 때, 정점이 아닌 위치에는 어떤 두 변도 교차하지 않는 그래프.

예를 들어 아래의 그래프들을 보자.

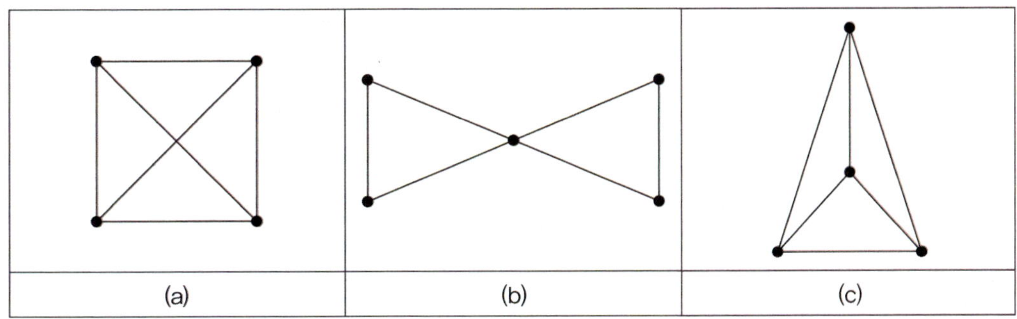

[그림 7.17]

그래프 (b)와 (c) 는 평면그래프이다. 두 변이 만나는 점은 모두 정점이기 때문이다. 그러나, 그래프 (a)는 정점이 아닌 곳에서 두 변이 교차하고 있으므로 평면그래프가 아니다.

평면그래프일 경우 오일러공식이 성립한다.

정의 7.10 오일러의 공식(Euler's formula)

그래프의 정점의 개수를 v, 변의 개수를 e, 면의 개수를 f라 할 경우, 연결된 평면 그래프(connected planar graph)의 경우 다음의 식이 성립한다.

$$v-e+f = 2$$

위의 그래프 (b)에서 v=5, e=6이다. 면은 3개가 존재하므로, v−e+f = 5−6+3=2이다.

위의 그래프 (c)에서 v=4, e=6, f=4이다. 그러므로 v−e+f=2가 성립함을 확인할 수 있다.

예 7.3

아래의 그래프에서 오일러의 공식이 성립하는지 확인하라.

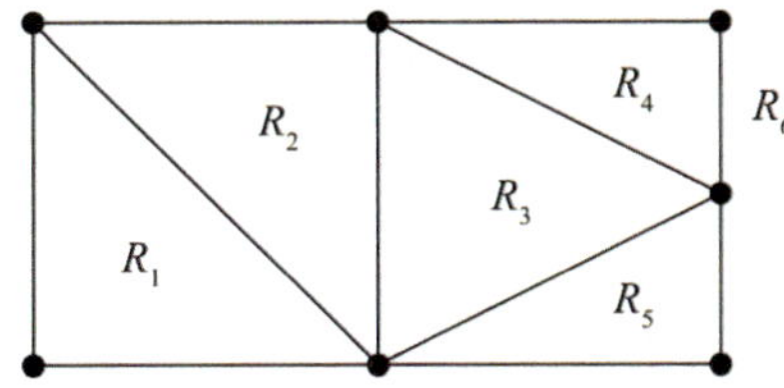

[그림 7.18]

풀이

정점의 개수 v=7, 변의 개수 e=11, 면의 개수 f=6이므로, v-e+f=2가 성립한다.

정의 7.11 이분 그래프(bipartite graph)

이분그래프란, 그래프를 구성하는 정점들을 두 개의 서로소이면서 독립적인 집합으로 나뉘어질 수 있는 그래프이다. 즉, 그래프 G=(V,E)에서, V를 구성하는 정점들을 두 개의 집합인 V_1, V_2로 나눌 수 있고, $V_1 \cup V_2 = V$, $V_1 \cap V_2 = \varnothing$를 만족한다. 그리고, 모든 변은 V_1의 정점과 V_2의 정점을 연결한다.

아래의 그림들은 이분그래프의 예시를 나타낸다.

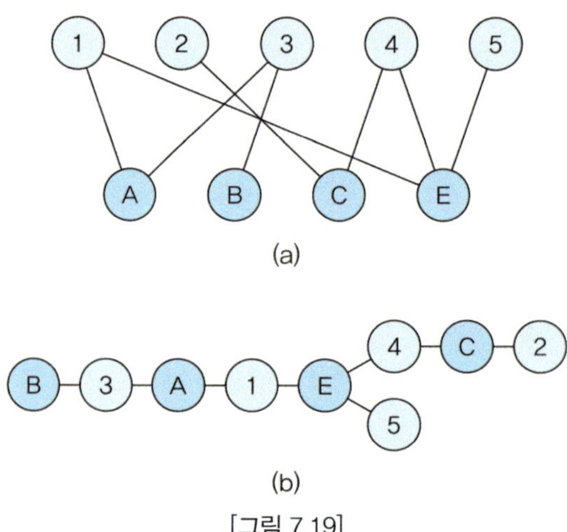

[그림 7.19]

정의 7.12 완전이분그래프(Complete bipartite graph)

그래프 G=(V, E)가 이분그래프, 즉 $V_1 \cup V_2 = V$, $V_1 \cap V_2 = \varnothing$을 만족하고, E의 모든 원소, 즉 모든 변이 V_1의 한 정점과 V_2의 한 정점을 연결하는 그래프.

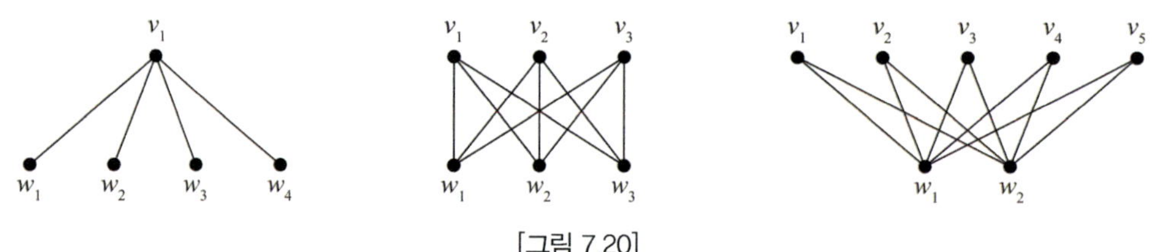

[그림 7.20]

정의 7.13 경로그래프(Path graph)

그래프 G=(V,E)에서, $V = \{v_1, v_2, \ldots, v_n\}$일 때, 변은 인접한 임의의 두 정점을 잇는 그래프이다. 즉, 변은 $\{v_i, v_{i+1}\}, i = 1, 2, \ldots, n-1$ 이다.

정의 7.14 사이클 그래프(Cycle graph)

사이클 그래프 또는 순환 그래프(circular graph)는 연결된 정점들이 하나의 사이클을 이루고 있는 그래프를 의미한다. 사이클 그래프에서는 정점의 개수와 변의 개수가 동일하고, 모든 정점들의 차수는 2이다.

아래의 그래프는 사이클 그래프이다.

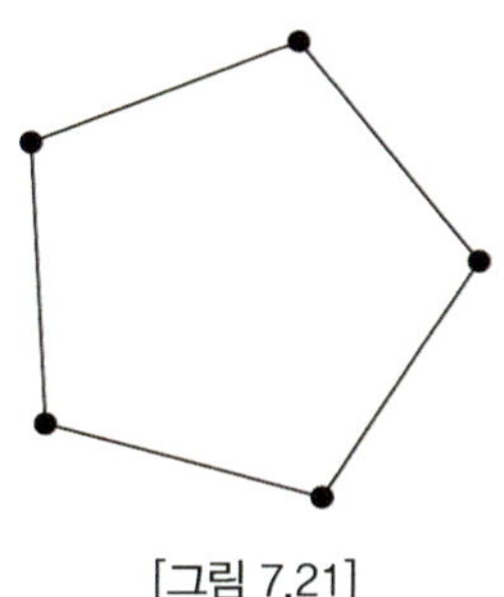

[그림 7.21]

정의 7.15 부분 그래프(Subgraph)

그래프 G=(V,E)에서 V의 부분집합과 E의 부분집합으로 이루어진 그래프.

그래프 G가 존재할 때, G에 존재하는 정점과 변의 일부만을 가지고 그래프를 구성하여 얻어진 그래프 G' = (V', E')을 부분그래프라 한다.

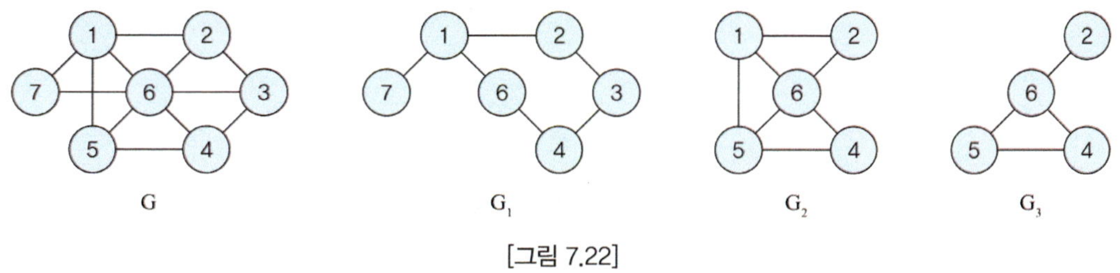

[그림 7.22]

위 그래프에서 G1, G2, G3는 모두 G의 부분그래프이다.

정의 7.16 신장부분그래프(Spanning Subgraph)

신장부분그래프 G'=(V', E')은 그래프 G = (V, E)의 모든 꼭지점을 포함하는 부분그래프이다.

신장부분그래프에서 V= V'이고 E'는 E의 부분집합이다.

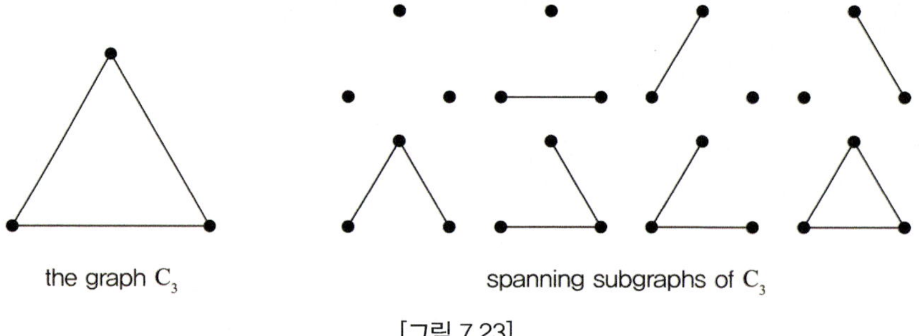

[그림 7.23]

위 그림은 그래프 C3의 신장부분 그래프들을 보여준다.

정의 7.17 동형그래프(Isomorphic graph)

두 그래프 G=(V,E)와 H=(V′, E′)에 대해 f:V→V′가 전단사이고, G의 임의의 두 정점 $u, v \in V$에 대해 u와 v의 인접관계가 f(u)와 f(v)의 인접관계와 동일한 조건을 충족하는 그래프

예를 들어 그래프 G의 임의의 두 정점 u와 v가 인접할 때, H의 두 정점 f(u)와 f(v)가 인접할 경우 G와 H는 동형그래프이다.

예 7.4

아래의 그래프 G와 H가 동형인지 판단하라.

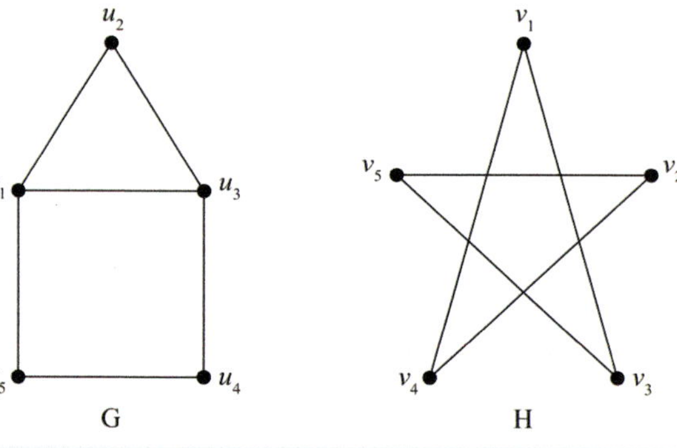

[그림 7.24]

풀이

다음과 같은 관계가 성립하므로, G와 H는 동형그래프이다.

$f(u_1) = v_1$, $f(u_2) = v_3$, $f(u_3) = v_5$, $f(u_4) = v_2$ and $f(u_5) = v_4$

■ 그래프의 표현

그래프를 표현하는 방식은 일반적으로 정점과 변을 이용하여 그림으로 표현하거나, 집합을 이용한 표기(G = (V,E))이다. 그 외에도 그래프를 표현하기 위해 인접행렬이나 리스트의 형태를 이용한다.

정의 7.18 인접행렬(Adjacent matrix)

인접행렬은 그래프에서 정점을 연결하는 변의 존재여부를 행렬로 표현한 것이다.

정점의 개수가 n일 때, 인접행렬은 n행 n열의 크기를 가지며, 행렬의 원소 a_{ij}는 정점 v_i와 v_j를 연결하는 변의 개수를 나타낸다.

무방향 그래프의 경우, 정점의 개수가 n개이고 인접행렬을 A라고 하며, A의 원소를 a_{ij}라고 하자. a_{ij}는 정점 v_i와 v_j를 연결하는 변의 개수를 나타낸다. 만약 v_i와 v_j를 연결하는 변이 없다면 a_{ij}=0이다. 아래의 그래프를 보고 인접행렬을 작성한 예시는 아래와 같다.

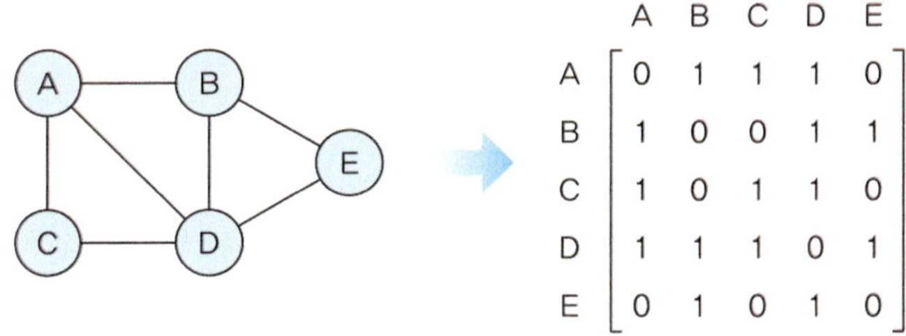

	A	B	C	D	E
A	0	1	1	1	0
B	1	0	0	1	1
C	1	0	1	1	0
D	1	1	1	0	1
E	0	1	0	1	0

[그림 7.25]

방향성이 있는 그래프(directed graph)의 인접행렬을 작성한 예시는 아래와 같다.

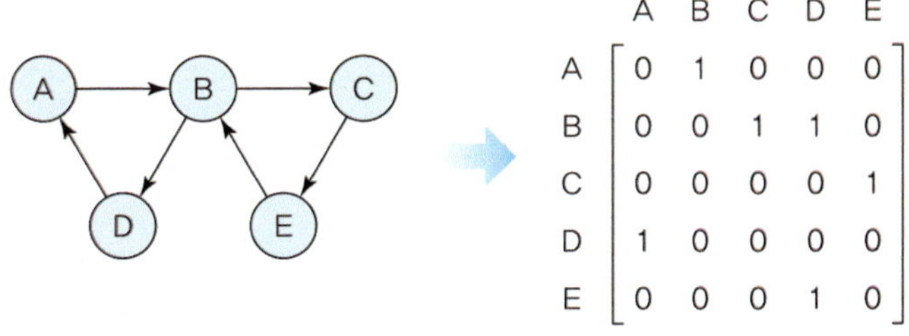

	A	B	C	D	E
A	0	1	0	0	0
B	0	0	1	1	0
C	0	0	0	0	1
D	1	0	0	0	0
E	0	0	0	1	0

[그림 7.26]

무방향 그래프의 인접행렬은 대칭행렬이다.

정점을 연결하는 변의 개수가 2개 이상을 가지는 그래프에 대한 인접행렬을 작성해 보자.

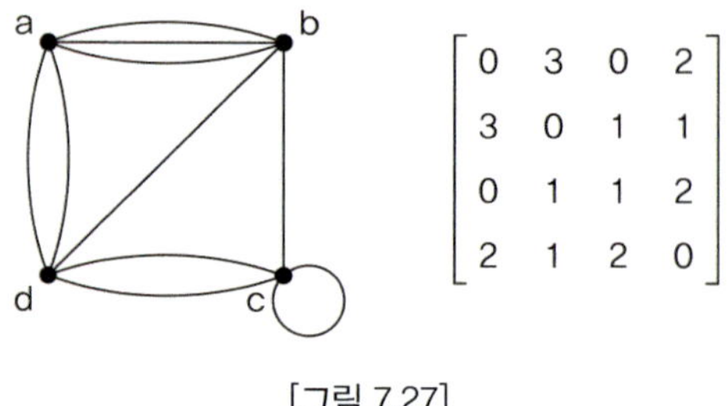

[그림 7.27]

가중치가 있는 무방향 그래프(Weighted undirected graph)의 인접행렬을 작성해 보자.

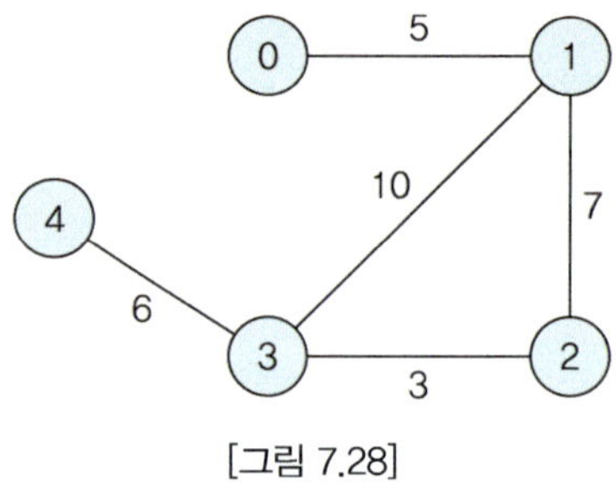

[그림 7.28]

인접행렬로 표현하면 다음과 같다.

	0	1	2	3	4
0	0	5	0	0	0
1	5	0	7	10	0
2	0	7	0	3	0
3	0	10	3	0	6
4	0	0	0	6	0

정의 7.19 **인접리스트(Adjacency list)**

그래프에서 정점들 사이의 연결관계를 연결 리스트로 나타낸 것.

인접리스트로 그래프를 표현할 때, 연결리스트는 노드의 연결로 표현된다. 각 노드는 두 개의 필드로 구성이 되어 있으며, 첫 번째 필드는 데이터를 나타내고, 두 번째 필드는 다음 노드의 주소를 가리킨다. 더 이상 연결될 노드가 없는 경우에 그 노드의 두 번째 필드는 null 값으로 채운다. 인접리스트로 그래프를 표현할 경우, 그래프의 정점의 개수만큼 인접리스트가 존재하고, 각 인접리스트에는 인접한 정점 정보가 저장된다. 아래 그림은 인접리스트를 활용하여 그래프를 표현한 것이다.

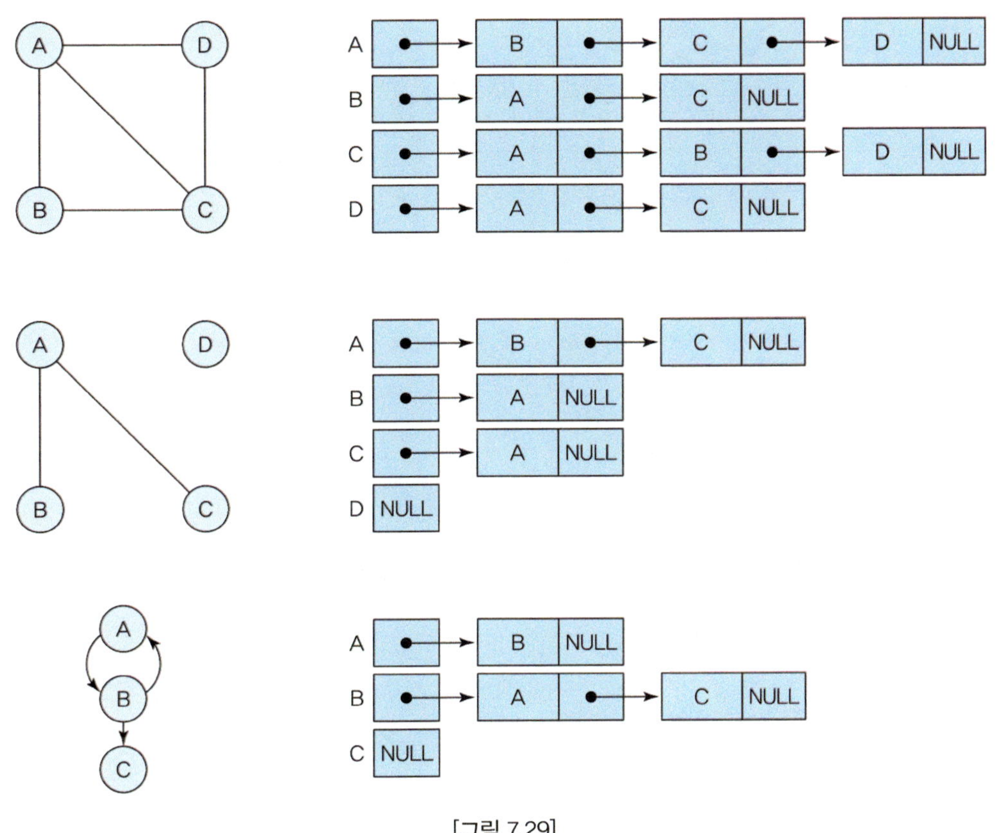

[그림 7.29]

예 7.5

아래 그래프를 인접행렬과 인접리스트로 표현하라

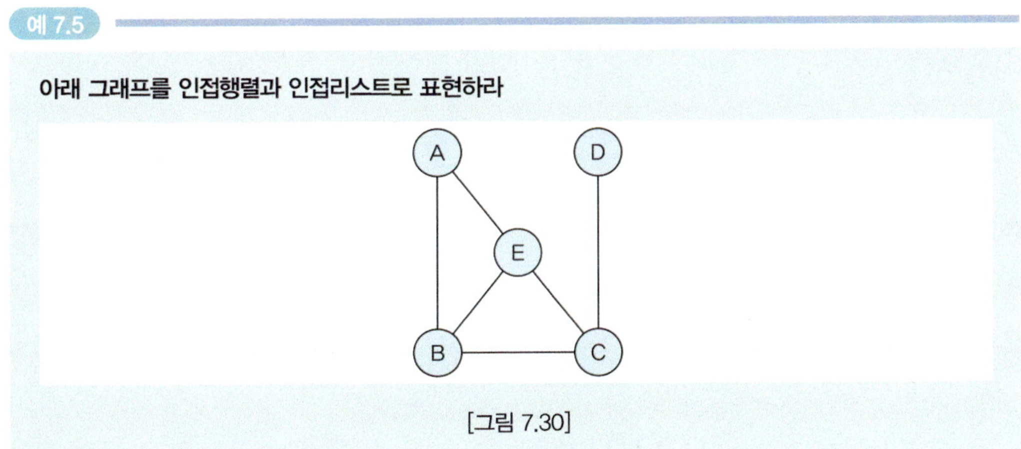

[그림 7.30]

풀이

인접행렬로 표현하면 다음과 같다.

	A	B	C	D	E
A	0	1	0	0	1
B	1	0	1	0	1
C	0	1	0	1	1
D	0	0	1	0	0
E	1	1	1	0	0

인접리스트로 표현하면 다음과 같다.

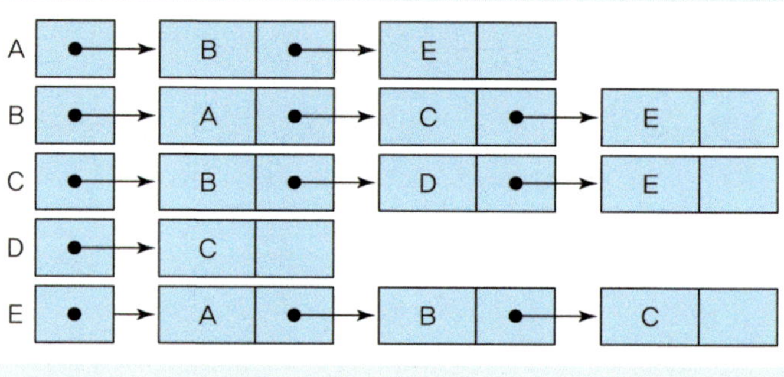

[그림 7.31]

■ 오일러 그래프와 해밀턴 그래프

이 장에서 그래프를 소개하면서 처음으로 예를 든 것이 쾨니히스베르크의 다리 문제였다. 이 문제는 7개의 다리를 건너되, 각 다리를 2번 이상 건너지 않고 출발지점으로 다시 돌아 올 수 있는지 여부를 찾는 문제이다. 이 문제는 좀 더 쉽게 얘기하면 한붓그리기 문제로 해석할 수도 있다. 한붓그리기 가능 여부를 판단하기 위해, 여러 번의 시행착오를 거칠 수도 있겠지만, 그래프 이론을 활용하여 한붓그리기 가능여부를 판단할 수 있다. 이 판단을 위해 적용할 수 있는 정의가 오일러 경로, 오일러 순환이며, 한붓그리기와 비슷한 개념으로서 정점을 한 번씩만 지나면서 출발점으로 돌아올 수 있는지 여부를 판단하는 것과 관련된 해밀턴 순환과 해밀턴 경로가 있다.

정의 7.20 오일러 경로(Euler path)

그래프에 존재하는 모든 변을 한번씩만 방문하는 연속된 경로

정의 7.21 오일러 순환(Euler circuit)

그래프에 존재하는 모든 변을 한 번씩만 방문하여 출발 정점으로 다시 돌아오는 경로

정의 7.22 오일러 그래프(Euler Graph)

오일러 순환을 가진 그래프

정리

오일러 그래프에 대한 정리

(1) 연결 그래프이면서 모든 정점의 차수가 짝수인 것은 오일러 그래프의 필요충분 조건이다.

(2) 연결 그래프의 정점의 차수가 홀수인 정점의 개수가 0개이거나 2개인 것은 오일러 경로의 필요충분 조건이다.

위 정리를 이용하여 쾨니히스베르크의 다리 문제를 풀어보자. 쾨니히스베르크 다리를 그래프로 모델링하면 그림 7.21과 7.22와 같다.

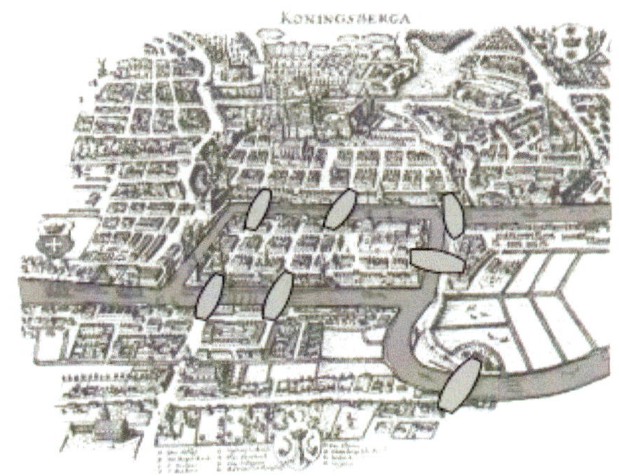

[그림 7.32]

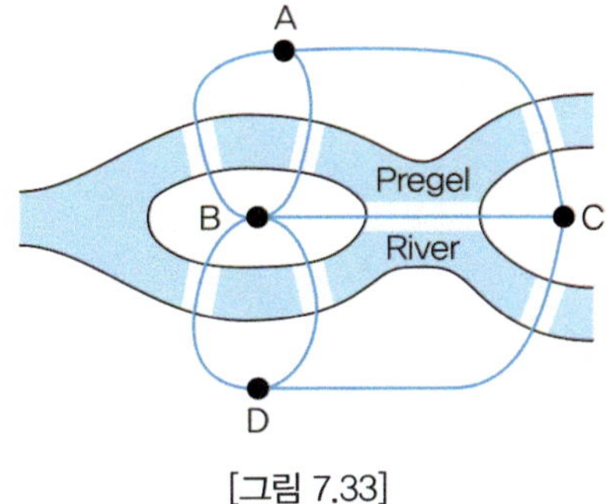

[그림 7.33]

그래프로 모델링 된 쾨니히스베르크의 다리를 보면, 정점이 총 4개, 변이 7개이다. 모든 정점의 차수가 짝수가 아니다. 예를 들어 정점 A의 차수는 3이다. 그러므로 이 그래프는 오일러 그래프가 성립하지 않고, 오일러 경로도 성립하지 않는다. 그러므로, 어느 한 지점에서 다리를 한번씩만 거쳐서 모든 다리를 돌아 출발점으로 돌아오는 것은 불가능하다는 것을 확인할 수 있다.

예 7.6

아래 그래프가 오일러그래프 또는 오일러 경로인지 판단하라.

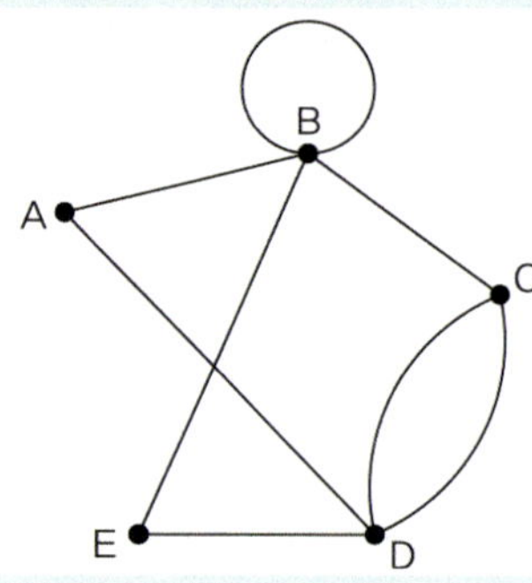

[그림 7.34]

풀이

각 정점의 차수는 다음과 같다.

d(A) = 2, d(B) = 5, d(C) = 3, d(D) = 4, d(E) = 2

차수가 홀수인 정점이 2개 있으므로, 이 그래프는 오일러 경로를 가지고 있다. 그러나, 모든 정점의 차수가 짝수는 아니므로, 이 그래프는 오일러 그래프가 아니다.

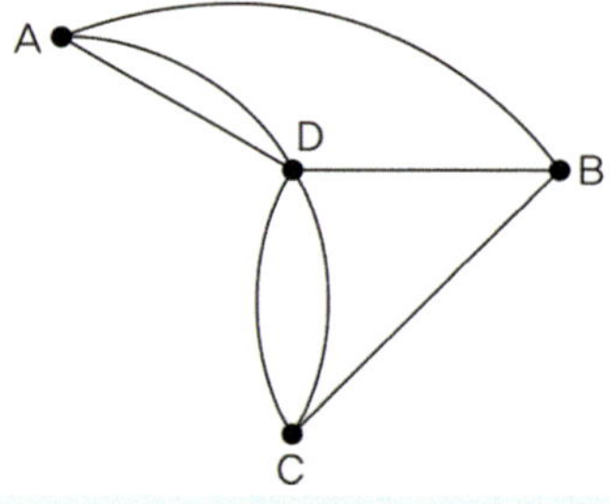

[그림 7.35]

풀이

각 정점의 차수는 다음과 같다.

d(A) = 3, d(B) = 3, d(C) = 3, d(D) = 5.

모든 정점의 차수가 홀수이므로, 이 그래프는 오일러 그래프도 아니고, 오일러 경로도 포함하지 않는다.

정의 7.23 해밀턴 경로(Hamilton path)

그래프에서 모든 정점을 한번씩만 지나서 도착점까지 가는 경로

정의 7.24 해밀턴 순환(Hamilton circuit)

그래프의 한 정점으로부터 출발하여 모든 정점을 한번씩만 지나서 다시 출발점으로 돌아오는 경로

정의 7.25 해밀턴 그래프(Hamilton graph)

해밀턴 순환을 갖는 그래프

■ 최단경로 문제

그래프 이론에서 최단경로 문제는 가장 잘 알려진 적용분야이다. 최단경로문제란 그래프에서 서로 다른 두 정점 사이에 존재하는 여러 가지 경로들 중 가장 비용이 적게 드는 경로를 찾는 문제이다. 여기서 비용은 여러 가지 요인으로 결정될 수 있으나, 여기서는 변에 할당된 가중치 값만을 비용의 요소로 간주하고, 가중치가 없을 경우에는 모든 변에 할당된 가중치가 동일한 것으로 가정한다.

다음의 그래프를 보고, 정점 1에서 정점 3으로 가는 최단경로를 찾아보자.

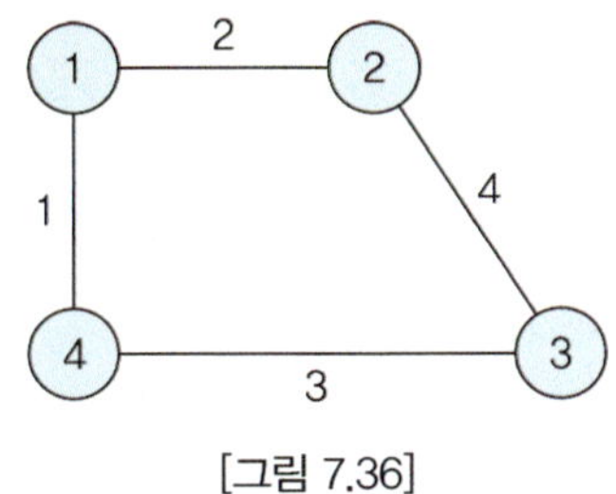

[그림 7.36]

정점 1에서 정점 3으로 가는 경로는 다음과 같은 경우들이 있다.

1) 1→2→3

2) 1→4→3

1)을 선택할 경우, 총 비용은 2+4=6이고, 2)를 선택할 경우 총 비용은 1+3=4이다. 그러므로 최단경로는 1→4→3인 것으로 결론낼 수 있다. 이렇게 최단경로문제는 총 비용이 가장 낮은 경로를 선택하면 풀 수 있다.

그러나, 그래프가 좀 더 복잡해 지면, 출발지부터 목적지까지 가는 경로의 개수가 매우 많아져서, 위의 예제와 같이 모든 경우를 나열하는 것이 쉽지 않다. 아래의 가중치그래프를 보자.

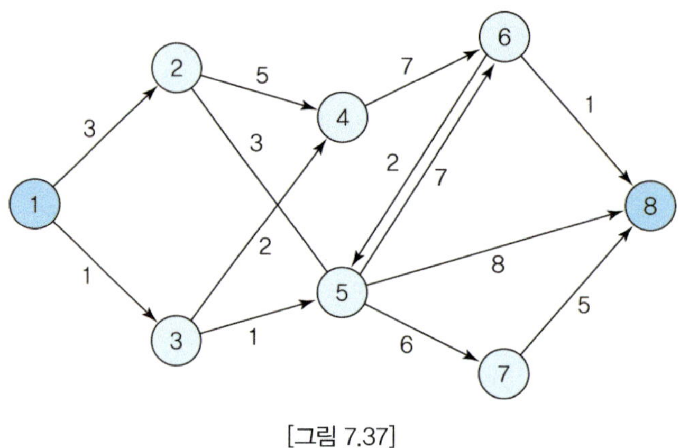

[그림 7.37]

출발지점이 정점1이고, 도착지점이 정점8일 때, 최단경로를 찾기 위해, 1에서 8로 가는 모든 경우를 찾는 것은 복잡한 일이다. 이렇게, 그래프의 정점의 개수가 많고, 정점들을 연결하는 변의 개수도 많을 경우, 최단경로를 어떻게 구할 것인가? 이 문제를 풀기 위해 가장 많이 사용되는 알고리즘은 다익스트라 알고리즘(Dijkstra algorithm)이다. 다익스트라 알고리즘은 시작점에서부터 최단경로를 갖는 정점들을 차례로 탐색해 가면서 총 비용이 가장 작은 최단경로를 찾는 알고리즘이다. 예를 들어서 다익스트라 알고리즘을 확인해 보자.

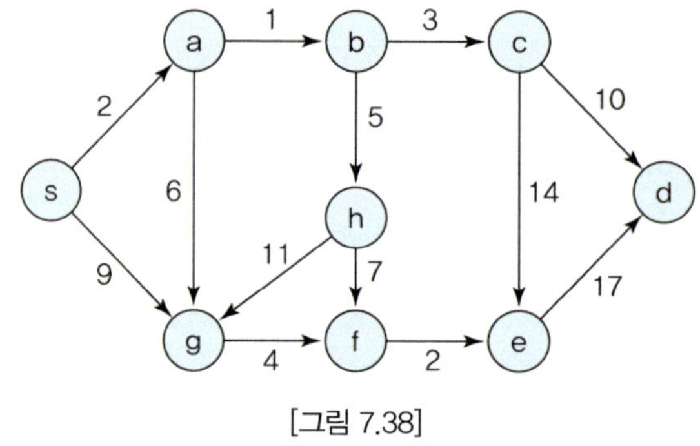

[그림 7.38]

위 그래프에서 정점 s에서 시작해서 도착하는 임의의 정점에 대한 최단경로를 구해보자.

1) 초기 단계에서는 모든 비용은 무한대로 설정한다. 출발점이 s이므로, s에서 s로 가는 비용은 0이다. 현재, 최단 경로에 선택된 정점의 집합 S은 s뿐이다. S={s}

	s	a	b	c	d	e	f	g	h
비용	0	∞	∞	∞	∞	∞	∞	∞	∞

2) s와 인접한 정점까지의 경로에 대한 비용을 직접 구할 수 있다. 이제 최단경로에 선택된 정점의 집합은 s와 a이다. S={s,a}

	s	a	b	c	d	e	f	g	h
비용	0	2	∞	∞	∞	∞	∞	9	∞

3) s와 a를 포함하여 이들과 인접한 정점까지의 경로 비용을 구할 수 있다. 여기서, s에서 g로 가는 기존의 경로인 s->g 보다 s->a->g가 비용 8로서 더 작으므로, 테이블은 아래와 같이 갱신된다. S={s,a,b}

	s	a	b	c	d	e	f	g	h
비용	0	2	3	∞	∞	∞	∞	8	∞

4) s,a,b를 포함한 인접 정점들까지의 경로 비용을 구할 수 있다. S={s,a,b,c}

	s	a	b	c	d	e	f	g	h
비용	0	2	3	6	∞	∞	∞	8	8

5) s,a,b,c를 포함한 경로비용을 구한다. g와 h가 비용 8로 같으므로 여기서는 g를 먼저 선택한다. S={s,a,b,c,g}

	s	a	b	c	d	e	f	g	h
비용	0	2	3	6	16	20	∞	8	8

6) s,a,b,c,g를 포함한 경로비용을 구한다. S={s,a,b,c,g,h}

	s	a	b	c	d	e	f	g	h
비용	0	2	3	6	16	20	12	8	8

7) s,a,b,c,g,h를 포함한 경로비용을 구한다. S={s,a,b,c,f,g,h}

	s	a	b	c	d	e	f	g	h
비용	0	2	3	6	16	20	12	8	8

8) s,a,b,c,f,g,h를 포함한 경로비용을 구한다. 여기서, s에서 e로 가는 기존의 경로인 s→a→b→c→e보다 s→a→g→f→e가 비용 14로서 더 작으므로, 테이블은 아래와 같이 갱신된다. S={s,a,b,c,e,f,g,h}

	s	a	b	c	d	e	f	g	h
비용	0	2	3	6	16	14	12	8	8

9) s,a,b,c,e,f,g,h를 포함한 경로비용을 구한다. S={s,a,b,c,d,e,f,g,h}

	s	a	b	c	d	e	f	g	h
비용	0	2	3	6	16	14	12	8	8

이제 S는 이 그래프의 모든 정점을 포함하고 있으므로, 알고리즘이 종료된다.

연습문제

기본문제

1 그래프 $G(V,E)$ 에서 V와 E가 각각 무엇을 나타내는지 설명하라.

2 무방향 그래프와 방향 그래프의 차이를 써라.

3 다음 용어의 정의를 써라.

(1) 루프(loop) (2) 다중그래프

4 그래프에서 정점 v 의 차수(degree)란 무엇을 의미하는지 써라.

5 무방향 그래프에서 모든 정점의 차수의 합이 항상 짝수인 이유를 써라.

6 어떤 무방향 그래프의 변의 개수가 7 개일 때, 모든 정점의 차수의 합을 구하라.

7 완전그래프 K_n 에서 각 정점의 차수를 n 으로 나타내라.

8 모든 정점의 차수가 2 인 연결 그래프의 형태를 써라.

9 연결된 무방향 그래프에서 홀수 차수를 가지는 정점의 개수에 따라

(1) 오일러 순환 (2) 오일러 경로

가 존재하는 조건을 각각 써라.

10 그래프에서 해밀턴 경로와 오일러 경로의 차이를 설명하라.

심화문제

1 무방향 그래프에서 홀수 차수 정점의 개수가 항상 짝수인 이유를 써라.

2 모든 정점의 차수가 2 인 연결 그래프가 사이클 그래프가 되는 이유를 써라.

08

트리

■ 개요

트리는 그래프의 한 종류이다. 여러 가지 그래프들 중 순환을 포함하지 않는 그래프를 트리라 한다.

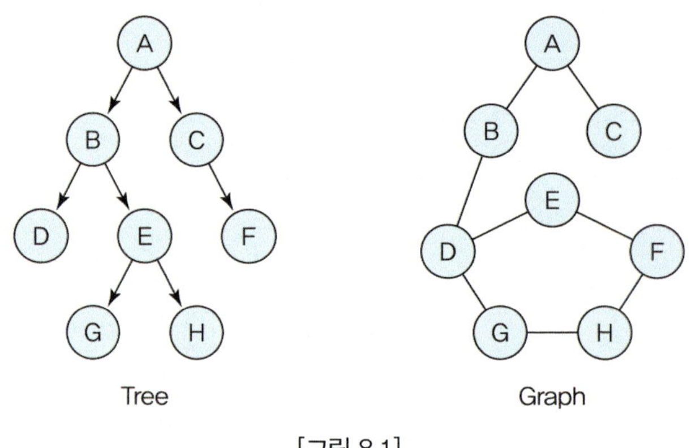

[그림 8.1]

위의 그림에서 보듯이, 순환을 포함하는 그래프는 트리가 될 수 없다. 트리는 그래프와 함께 자료구조로 많이 활용되고 있으며, 데이터의 탐색, 자료구조의 표현 등의 분야에도 적용됨으로서 컴퓨터를 통한 자료처리에 중요한 역할을 한다. 이 장에서는 트리의 개념, 트리의 성질, 트리의 종류, 트리 탐색 등에 대해서 학습한다.

■ 트리의 개념

정의 8.1 트리(Tree)

트리는 하나 이상의 노드로 구성된 집합으로서 순환이 없고, 서로 다른 노드들 간의 경로가 반드시 존재하는 그래프이다.

트리는 그래프처럼 정점(vertex) 또는 노드(node)과 간선(edge)으로 구성이 되어 있다(트리에서는 주로 노드라 부르고, edge는 변이라 불러도 무방하다). 그리고 순환을 포함하지 않는다는 점에서 그래프와 차이가 있기 때문에, 트리는 전체적은 구조는 계층구조와 같이 생겼다. 아래의 그림은 일반적인 트리를 나타낸다.

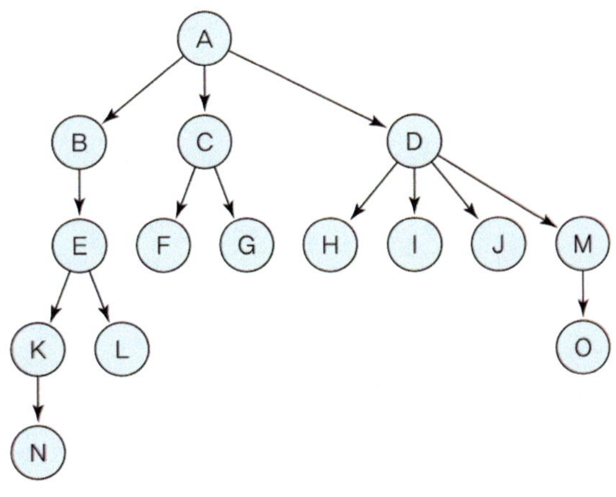

[그림 8.2]

가장 위에 있는 노드 A를 루트(root) 노드라 한다 (뿌리노드, 뿌리정점 등으로 읽어도 무방하다). 트리에서는 순환이 존재하지 않기 때문에, 루트로부터 임의의 한 정점까지 연결되는 경로는 유일하다(순환이 있을 경우에는 두 개 이상의 경로가 두 정점 사이에 존재할 수 있으므로 그래프에서 배웠다). 트리에서는 레벨(level)이 존재하는데, 위의 그림에서 노드 A의 레벨은 0이다. 노드 B, C, D가 위치한 레벨은 1, E,F,G,H,I,J,M이 위치한 레벨은 2이다. K,L,O가 위치한 레벨은 3, N이 위치한 레벨은 4이다. 이 트리에서 가장 큰 레벨 4이고, 이때, 이 트리의 높이(height)는 4로 정의한다. (높이는 루트의 레벨을 0으로 할 때 최대 레벨) 노드 A를 루트라고 정의하고, 노드 L, F, G, H, I, J, O와 같이, 더 이상 아래의 레벨의 노드와 연결되지 않은 노드를 잎노드 또는 리프(leaf) 노드라 한다 (잎 노드, 잎 정점, 단말노드 등으로 불러도 무방하다). 잎노드는 차수가 0이다. (트리에서의 차수는 자식 노드의 수) 루트도, 잎노드도 아닌 노드를 중간노드라 한다. 같은 높이에 위치한 노드들을 형제노드(sibling node)라 한다. 임의의 정점과 연결된 바로 아래 레벨의 정점을 자식노드(children node)라 하고, 임의의 정점과 연결된 바로 위 레벨의 정점을 부모노드(parent node)라 한다. 임의의 노드의 자식노드 및, 그 자식노드와 연결된 아래 레벨의 노느들을 자손노드(descendent node)라 한다. 임의의 노드를 기준으로, 그 위 레벨의 노드 및, 그 위레벨의 노드로부터 로트노드까지 가는 경로상에 존재하는 노드들을 조상 노드(ancestor node)라 한다. 임의의 노드에 연결된 자식노드의 수를 그 노드의 차수라 한다. 특히, 모든 노드들의 차수 중 가장 큰 값을 트리 전체의 차수로 정의한다. 트리에서 부모노드와 자식노드 간의 간선을 삭제한 후 생기게 되는 트리를 부분트리 또는 서브트리(subtree)라 한다.

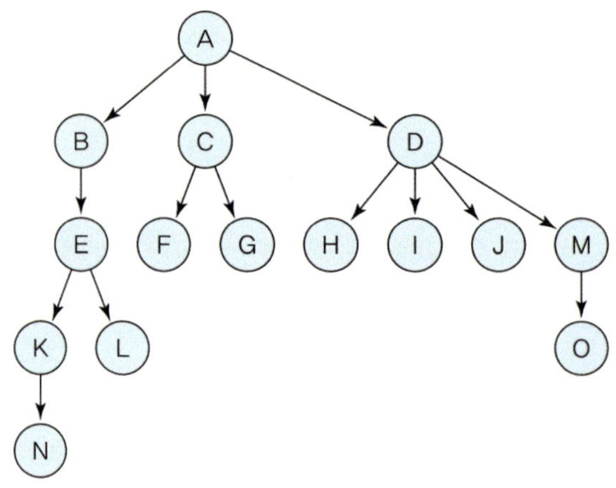

[그림 8.3]

위의 그래프를 활용하여, 앞에서 언급한 트리의 용어들의 정의를 확인해 보자.

- 루트노드 : A
- 노드 : A, B, C, D, E, F, G, H, I, J, K, L, M, N, O
- 간선 : 노드들 간을 이어주는 변들 모두에 해당
- 트리의 높이 : 4
- A의 형제노드 : 없음
- B의 형제노드 : 높이 1에 위치한 노드는 C와 D이므로, B의 형제노드는 C, D이다.
- E의 형제노드 : F, G, H, I, J, M → 높이 2에 위치
- K의 형제노드 : L, O → 높이 3에 위치
- N의 형제노드 : 없음 → 높이 4에 위치
- E의 자식노드 : K와 L
- E의 부모노드 : B
- E의 자손노드 : K, L, N
- E의 조상노드 : B, A
- A의 차수 : 3
- B의 차수 : 1
- C의 차수 : 2
- D의 차수 : 4
- E의 차수 : 2

- F, G, H, I, J, L의 차수 : 0
- M의 차수 : 1
- K의 차수 : 1
- 중간노드 : B, C, D, E, M, K

위의 그래프에서 루트노드 A를 제거해 보자. 그렇게 할 경우 우리는 루트노드가 각각 B, C, D인 3개의 트리를 얻을 수 있다. 이렇게 서로 연결되지 않은 3개의 트리들의 집합을 숲(forest)이라 한다.

정의 8.2 노드와 간선의 관계

연결트리에서 n개의 노드는 n–1개의 간선을 가진다.

정리

그래프 G = (V, E)에서 정점(vertex)의 개수는 n, 변(edge)의 개수는 m일때, G가 트리일 경우 다음은 모두 동치이다.

(1) G의 모든 정점들은 연결되어 있고, n=m+1이다.
(2) G는 순환을 가지지 않으며 n=m+1이다.
(3) G에서 하나의 선을 제거할 경우 G의 정점들 중 연결되지 않은 정점이 존재한다.

정의 8.3 n항 (n–ary) 트리

트리를 구성하는 노드의 최대차수가 n일 경우, 이 트리를 n항 트리라 한다.

이진트리는 트리를 구성하는 노드의 최대차수가 2인 트리이다.

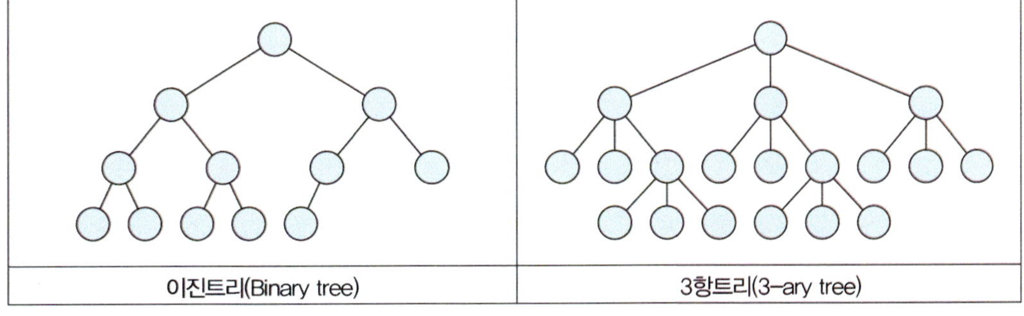

[그림 8.4]

위의 그림은 이진트리와 3항트리를 나타내고 있다. 이진트리의 노드들의 차수를 확인해 보면, 최대 차수가 2임을 확인할 수 있으므로, 이 트리는 이진트리이다. 오른쪽의 트리에서 각 노드의 차수를 구해보면, 최대차수는 3이다. 그러므로 이 트리는 3항트리이다. 그리고, 위의 왼쪽 그림의 트리는 높이가 3이다. 높이가 1인 노드들은 모두 차수가 2이고, 가장 아래 레벨 3의 노드들은 가장 왼쪽부터 노드가 채워져 있음을 확인할 수 있다. 이러한 트리를 완전이진트리라 한다. 아래 두 개의 트리는 모두 완전이진트리로 간주된다. 경우에 따라서는 아래의 그림 중 오른쪽 트리를 왼쪽트리와 구분지어 full 이진트리(full binary tree)라고도 한다. Full 이진트리는 모든 노드들의 차수가 0 또는 2인 트리이다. Full 이진트리는 잎노드가 반드시 왼쪽부터 채워질 필요는 없다.

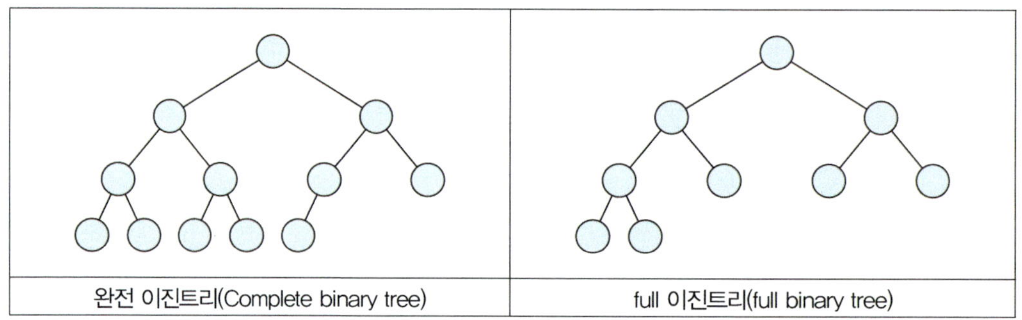

완전 이진트리(Complete binary tree)	full 이진트리(full binary tree)

[그림 8.5]

Full 이진트리 중에서 모든 레벨이 완전히 채워진 트리를 포화이진트리(perfect binary tree)라 한다. 아래의 그림은 포화이진트리를 나타낸다.

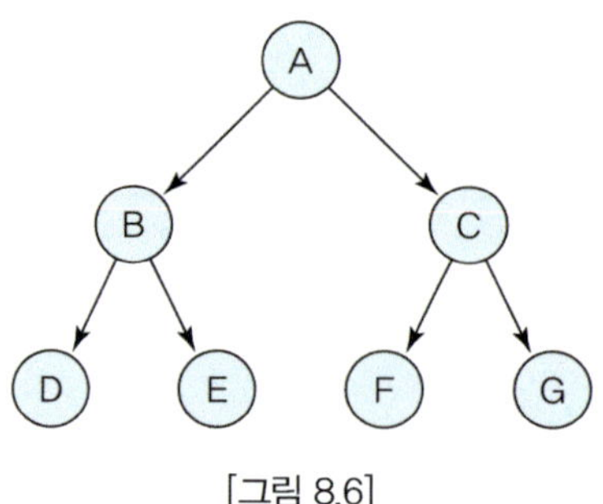

[그림 8.6]

포화이진트리와 완전이진트리를 구분할 수 있어야 한다. 교재마다 포화이진트리와 완전이진트리를 full binary tree와 complete binary tree를 혼용해서 사용하고 있음을 고려해야 한다.

왼쪽 또는 오른쪽 방향으로만 노드를 가지는 트리를 편향이진트리(skewed binary tree)라 하고, 아래 그림과 같다. 왼쪽 편향이진트리는 좌편향이진트리이고, 오른쪽은 우편향이진트리라 부르기도 한다.

[그림 8.7]

이진트리의 노드 개수는 다음과 같이 수식으로 나타낼 수 있다.

- 높이가 h인 이진트리가 가질 수 있는 최대 노드 개수 : $2^{h+1}-1$
- 높이가 h인 이진트리가 가질 수 있는 최소 노드 개수 : h+1
- 이진트리의 레벨 k에서 가질 수 있는 최대 노드 개수 : 2^k

트리는 데이터의 배치형태를 추상화한 비선형 자료구조이다. 트리 구조를 구현 또는 표현하기 위해 배열 또는 연결리스트(linked list)를 사용할 수 있다. 배열을 사용하여 트리를 표현할 경우 다음의 원칙을 따른다.

1. 인덱스는 1부터 시작하며, 루트노드에 인덱스 1을 부여한다
2. 형제노드들 중 왼쪽에 위치한 노드의 인덱스가 오른쪽에 위치한 노드의 인덱스보다 앞선다.

위 원칙을 바탕으로 아래의 트리를 배열로 표현해 보자.

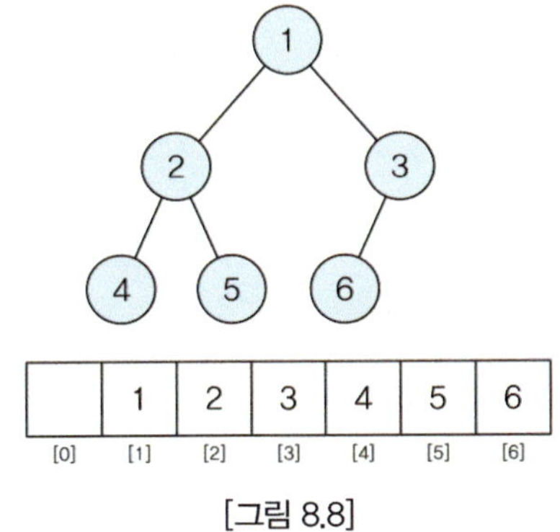

[그림 8.8]

인덱스를 부여하는 방법을 기반으로 각 노드에 부여되는 인덱스의 일반식은 다음과 같다.

1. 부모노드의 인덱스가 n일 때, 자식노드의 인덱스
   1) 왼쪽 자식노드의 인덱스 = 2n
   2) 오른쪽 자식노드의 인덱스 = 2n+1
2. 자식노드의 인덱스가 n일 때, 부모노드의 인덱스
   1) 노드가 왼쪽자식노드일 경우 : $\frac{n}{2}$
   2) 노드가 오른쪽자식노드일 경우 : $\frac{n-1}{2}$

위의 그림에서 인덱스 3번 자리에 노드를 삽입할 경우, 기존의 노드에 부여된 인덱스는 변경되어야 한다. 반대로, 어떤 노드가 삭제될 경우에도, 기존의 노드들의 인덱스는 변경되어야 한다.

아래의 트리에서 노드를 추가 또는 삭제한 후 인덱스가 어떻게 변경되는지 살펴보자

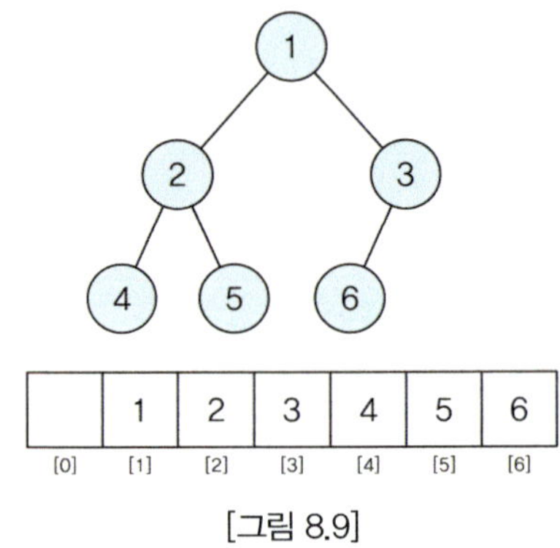

[그림 8.9]

만약, 3번 노드의 자식노드를 추가할 경우에는, 배열의 크기만 증가시킨 후 노드를 추가하고, 7번을 부여하면 된다. 만약 3번 인덱스에 노드를 추가한다고 가정해 보자. 그럴 경우, 배열로 트리를 구현할 때는 임의의 인덱스 자리에 노드를 삽입하지 않으며, 노드를 추가할 경우 트리구조(부모-자식 인데스 규칙)에 따라 결정된 위치에 저장한다.

	1	2	7	3	4	5	6
[0]	[1]	[2]	[3]	[4]	[5]	[6]	[7]

위 트리에서 인덱스 4번 자리의 노드가 삭제되는 경우 배열은 아래와 같이 변경된다.

	1	2	3	5	6	-
[0]	[1]	[2]	[3]	[4]	[5]	[6]

배열로 트리를 구현하는 경우, 노드가 추가 또는 삭제됨에 따라 인덱스를 변경해 주어야 하고, 특히 노드가 삭제될 경우 메모리가 비게 됨으로써, 메모리 낭비가 발생할 수 있다.

자료의 저장과 검색을 효율적으로 하는 것은 컴퓨터시스템에서 매우 중요하다. 특히, 트리는 자료의 저장과 검색에 필요한 구조를 제공한다. 트리에서의 노드를 자료라 가정하면, 모든 자료를 검색하는 것, 즉 트리에서의 모든 노드를 방문하는 것을 탐방(traversal) 또는 순회라 한다. 순회를 하면서, 탐방 순서에 따라 각 노드에 들어있는 데이터들을 나열하게 된다. 순회에는 세가지 방법이 있다.

1. 전위 순회
2. 중위 순회
3. 후위 순회

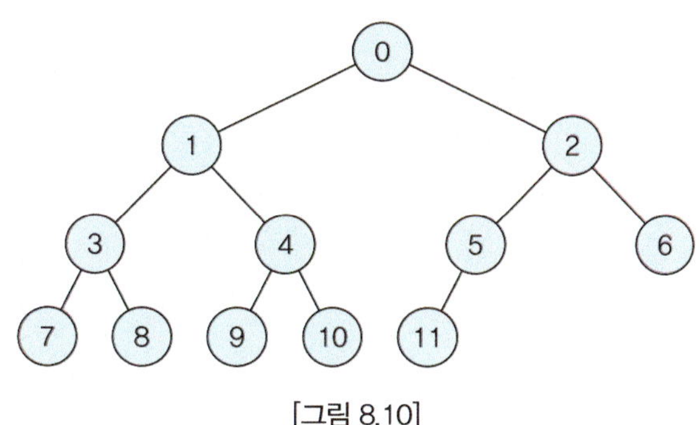

[그림 8.10]

전위순회는 루트노드-왼쪽자식노드-오른쪽자식 노드 순으로 모든 노드들을 방문한다. 위의 노드를 전위순회한 결과를 확인해 보자. 루트노드가 0번이고, 왼쪽자식노드는 1번, 오른쪽 자식노드는 2번이다. 루트노드를 방문한 후, 0번의 왼쪽자식인 1번노드를 방문한다. 그 후, 1번을 루트로 하는 서브트리를 동일한 방식으로 전위순회 한다. 이렇게 진행할 경우, 순회의 결과는 다음과 같다.

전위순회 결과 : 0→1→3→7→8→4→9→10→2→5→11→6

중위순회는 루트노드를 중심으로 왼쪽자식노드를 루트로 하는 서브트리를 모두 순회하고, 루트노드를 방문한 후 루트노드의 오른쪽자식노드를 루트로 하는 서브트리를 순회하는 방식이다. 위 트리를 중위순회한 결과는 다음과 같다.

중위순회 결과 : 7→3→8→1→9→4→10→0→11→5→2→6

후위순회는 루트노드를 중심으로 왼쪽자식을 루트로 하는 서브트리, 오른쪽 자식을 루트로 하는 서브트리를 방문한 후 마지막으로 루트노드를 방문하는 방식이다. 위 트리를 후위순회한 결과는 다음과 같다.

후위순회 결과 :7→8→3→9→10→4→1→11→5→6→2→0

정의 8.4

그래프 G=(V,E)에서, G의 모든 노드들을 포함하는 트리를 신장트리(spanning tree)라 한다.

아래의 그림은 신상트리의 예시이다.

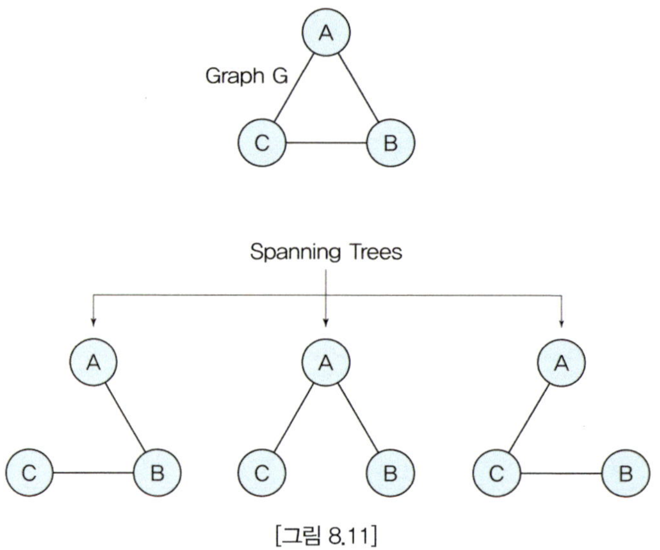

[그림 8.11]

트리의 간선(edge)에 가중치가 있을 경우, 이 가중치를 모두 더한 것을 신장트리의 비용이라 한다. 아래의 그림은 신장트리의 비용을 나타낸 것이다.

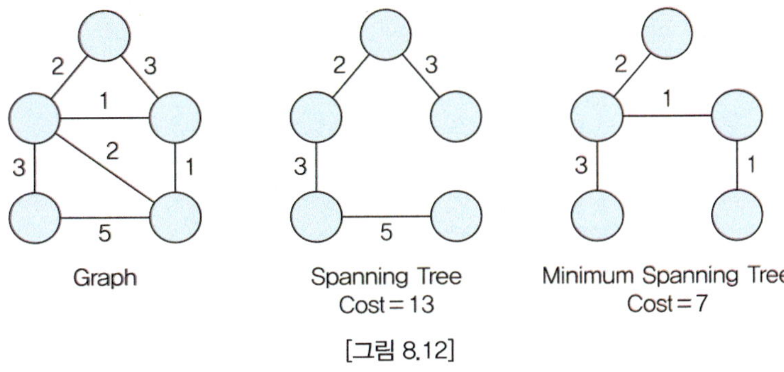

[그림 8.12]

가능한 신장트리들 중, 가장 작은 비용을 가지는 신장트리를 최소비용신장트리 또는 최소신장트리(Minimum cost spanning tree, MST)라 한다. MST를 찾는 방법은 크게 두가지가 있는데, 한가지는 프림 알고리즘(Prim's algorithm)이고, 다른 하나는 크루스칼 알고리즘(Kruskal's algorithm)이다.

프림알고리즘은 탐색 노드에 연결된 인접한 노드들 중 비용이 가장 작은 간선으로 연결된 노드를 선택하면서, 선택된 노드들의 집합이 전체 노드의 집합과 동일해지면 알고리즘을 중지한다. 그래프 G = (V, E)에서 선택된 프림알고리즘을 이용한 최소신장트리를 찾는 절차는 다음과 같다.

1. 선택된 노드 집합을 V'라 한다.
2. 초기에 선택된 노드 v와 가장 비용이 작은 간선과 연결된 노드를 u라고 할 경우, V'=(v,u)가 된다. 이때 u는 V'에 포함되지 않은 노드로 선택한다.
3. V'=V가 될 때까지 2번 과정을 반복한다.

예 8.1

아래의 그래프에서 최소신장트리를 구하라.

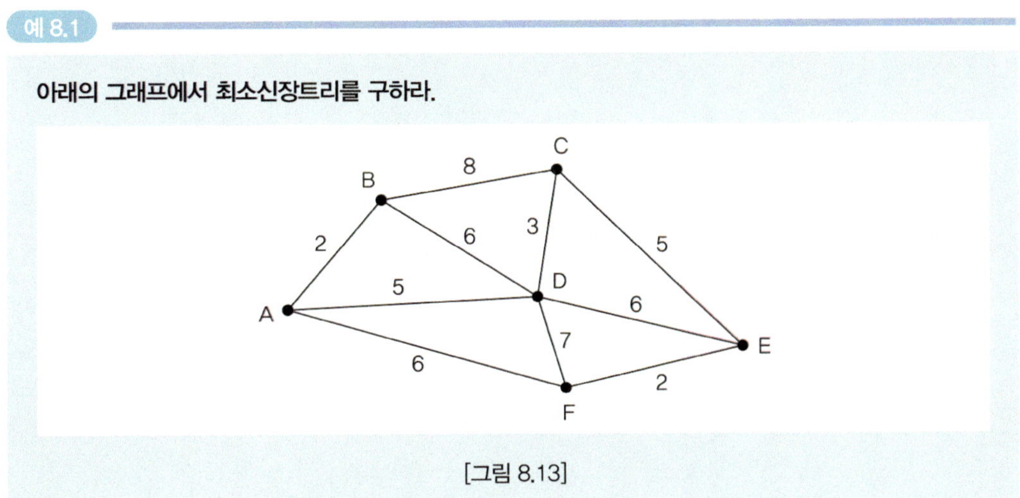

[그림 8.13]

풀이

초기의 노드를 A로 정하자. 그렇다면 현재의 V'={A}이다. A와 인접한 노드 중 가장 작은 비용을 가진 간선은 AB이므로, B를 선택한다. 이제 V' = {A, B}이다.

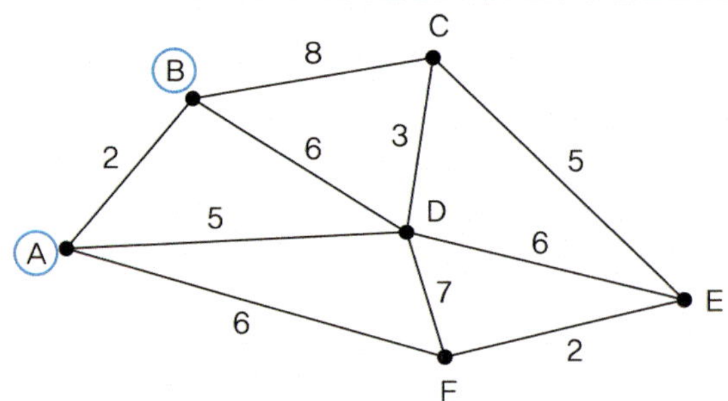

[그림 8.14]

이제 A와 인접한 노드, B와 인접한 노드를 모두 살펴보자. 해당되는 노드는 F, D, C이다. 이 중 가장 작은 비용을 가진 간선은 AD이므로, D를 선택한다. 이제 V'={A,B,D}이다.

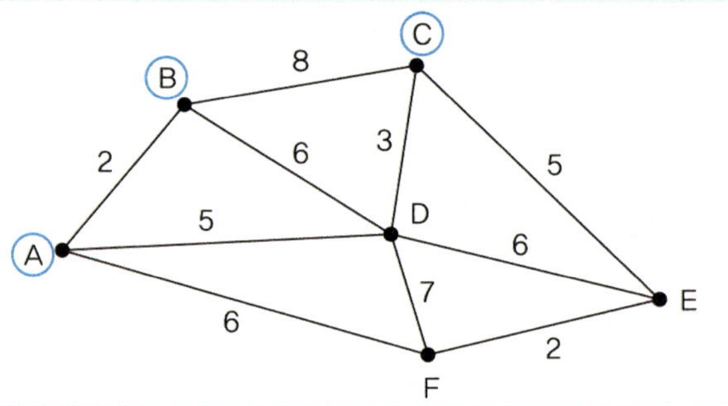

[그림 8.15]

동일한 방법으로 최소비용을 가진 간선으로 연결된 노드를 찾으면 C이다. V'={A,B,C,D}이다.

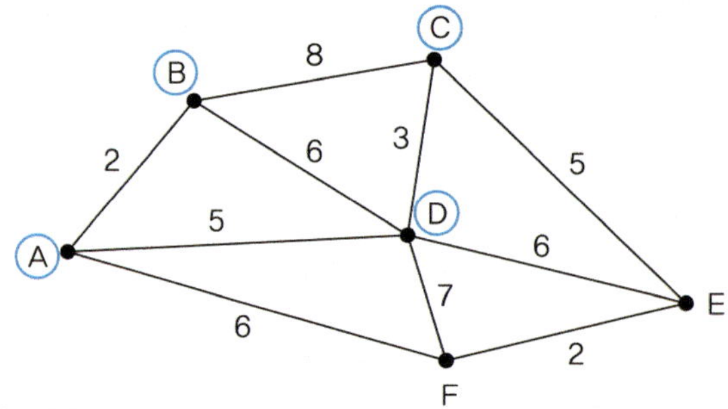

[그림 8.16]

다음으로 최소비용을 가진 간선과 연결된 노드는 E임을 알 수 있다. V′ = {A,B,C,D,E}이다.

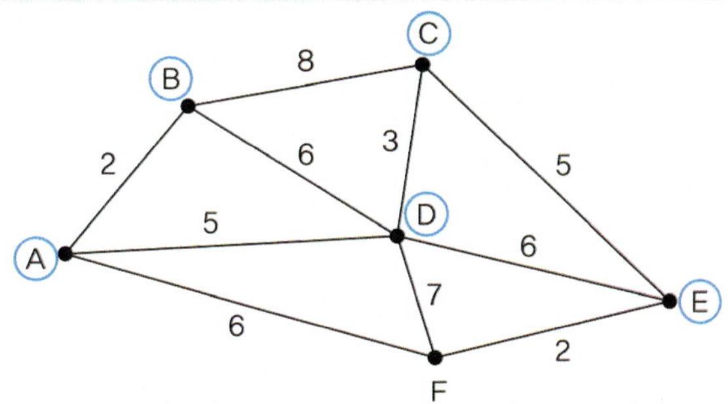

[그림 8.17]

다음으로 최소비용을 가진 간선과 연결된 노드는 F이고, V′={A,B,C,D,E,F}이다. 이제 V′=V이므로 알고리즘을 종료한다.

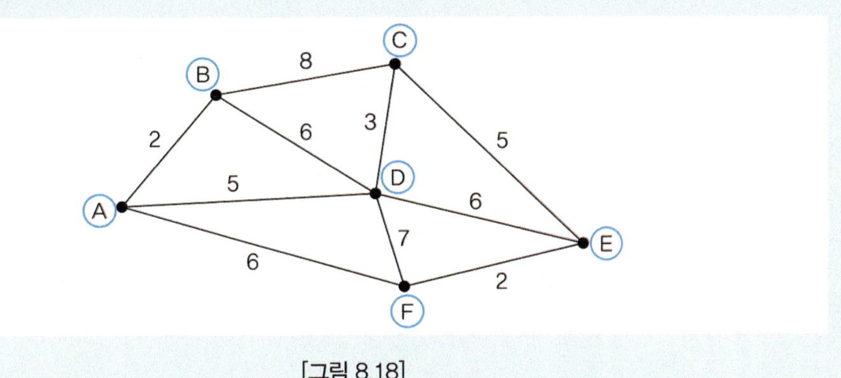

[그림 8.18]

크루스칼 알고리즘을 이용하여 최소신장트리를 찾는 방법은 간선을 기준으로 최소신장트리를 찾는 것이다. 프림알고리즘이 노드를 기준으로 최소신장트리를 찾은 것과 비교되는 부분이다. 크루스칼 알고리즘의 절차는 다음과 같다.

1. 비용이 가장 작은 순서대로 간선을 선택한다. 동일한 비용의 간선일 경우 둘 다 선택한다.
2. 선택한 간선이 순환을 형성하면, 그 간선은 선택하지 않는다
3. 선택한 간선의 개수가 노드의 개수보다 1개 작을 때까지 2번 과정을 반복한다.

예 8.2

크루스칼 알고리즘을 이용하여 최소신장트리를 찾아라.

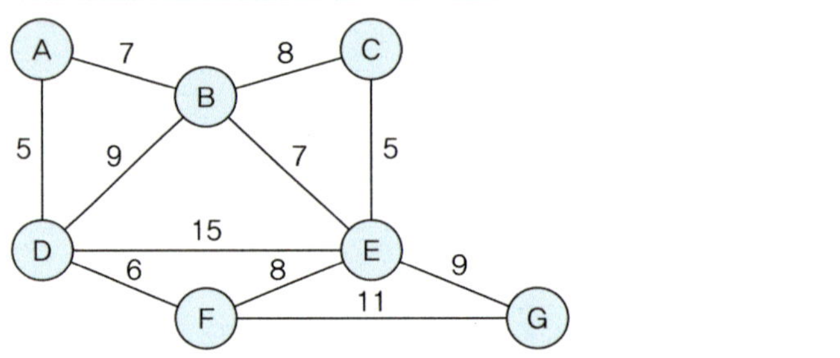

[그림 8.19]

풀이

가장 작은 비용을 가진 간선은 AD와 CE이다. 그러므로, 아래와 같이 두 개의 간선을 선택한다.

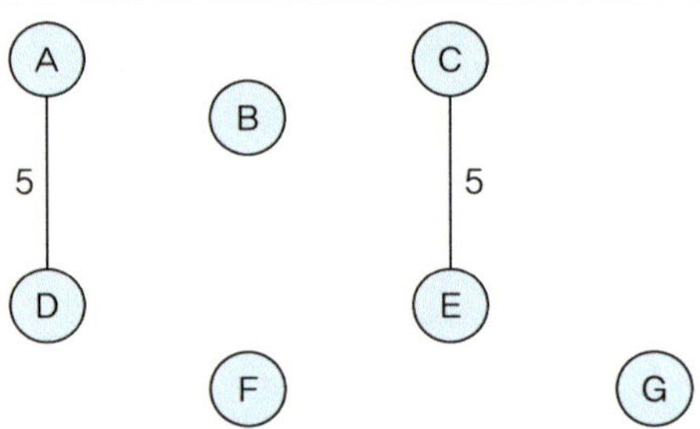

[그림 8.20]

다음으로 작은 비용을 가진 간선은 DF이다.

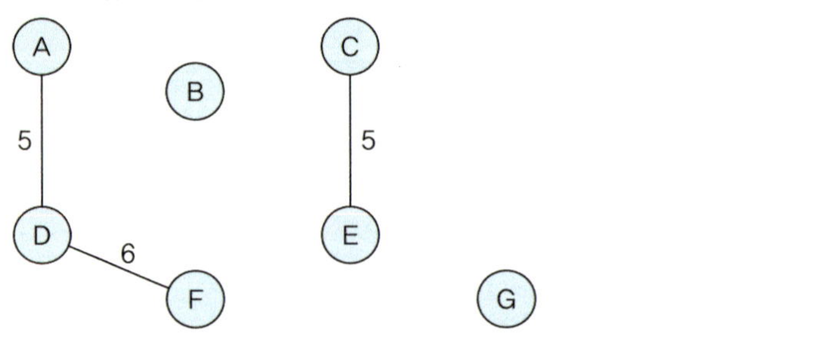

[그림 8.21]

동일한 방법으로 비용이 작은 간선을 순서대로 선택하면 아래의 순서처럼 나타난다.

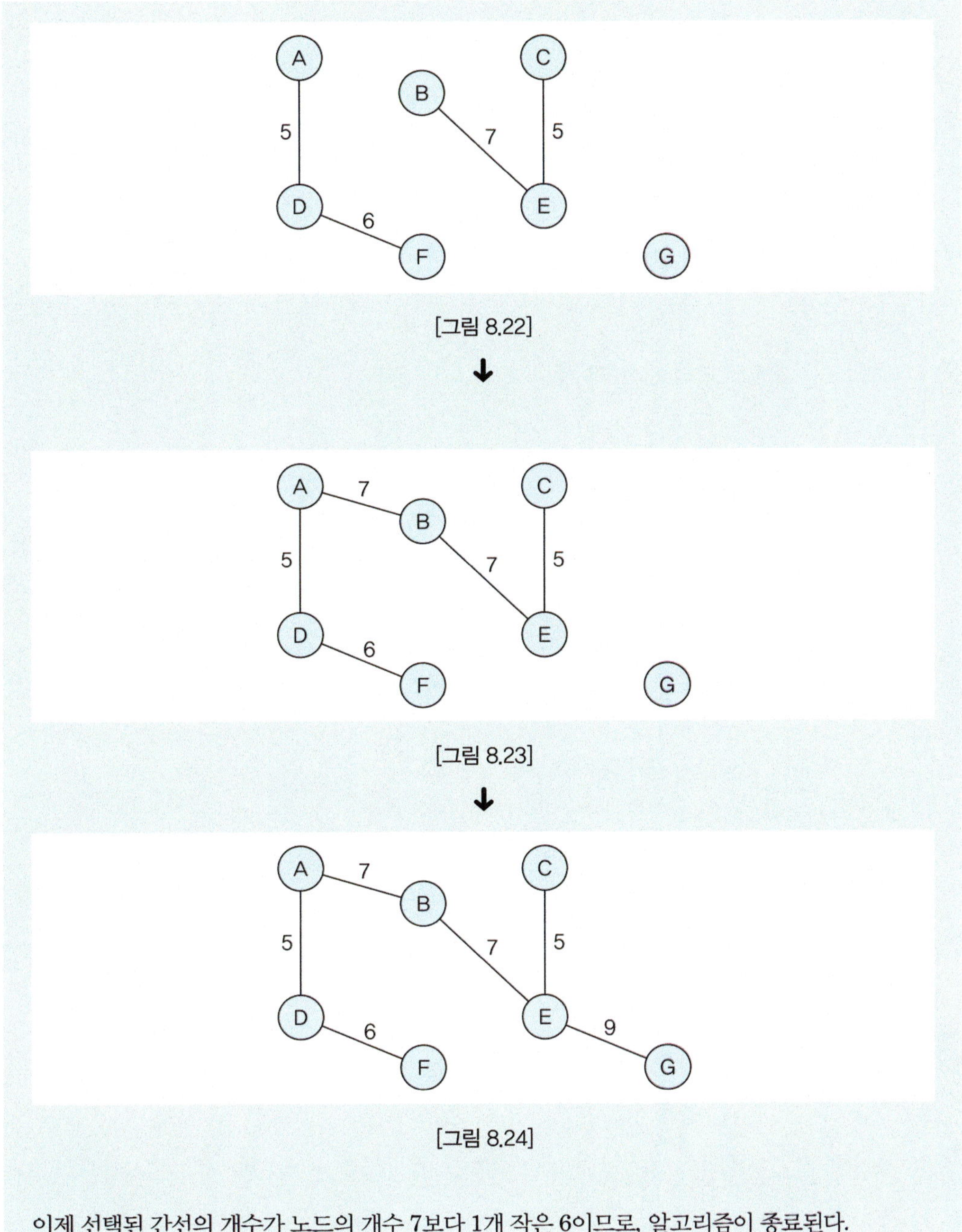

[그림 8.22]

↓

[그림 8.23]

↓

[그림 8.24]

이제 선택된 간선의 개수가 노드의 개수 7보다 1개 작은 6이므로, 알고리즘이 종료된다.

연습문제

기본문제

1 트리(Tree)의 정의를 그래프 관점에서 써라.

2 노드가 n개인 트리의 간선 개수를 n으로 나타내라.

3 트리에서 다음 용어를 정의하라.

(1) 루트 노드 (2) 잎(leaf)노드

4 루트 트리에서 루트로부터 임의의 노드까지의 경로가 항상 유일한 이유를 써라.

5 다음 설명에 해당하는 용어를 써라.

'부모 노드가 같은 노드들'

6 트리에서 어떤 노드의 차수(degree)란 무엇을 의미하는지 써라.

7 이진트리(binary tree)의 정의를 써라.

8 높이가 h인 이진트리가 가질 수 있는 최대 노드 개수를 h로 나타내라.

9 이진트리의 전위 순회 순서를 써라.

10 가중치 그래프에서 최소신장트리(MST)의 의미를 설명하라.

심화문제

1 트리에 간선을 하나 추가하면 어떤 성질이 깨지는지 써라.

2 트리에서 간선 하나를 제거하면 어떤 현상이 발생하는지 써라.

09

순열 및 확률

■ 경우의 수

어떤 사건이 일어나는 경우의 개수를 경우의 수라 한다. 예를 들어 동전을 던져서 땅에 떨어졌을 때 발생할 수 있는 사건은 앞면이 나타나거나 뒷면이 나타나는 것이다. 이때의 경우의 수는 2이다. 정육각형의 주사위를 던질 경우 나타날 수 있는 사건의 개수는 총 6이므로, 경우의 수는 6이다.

예 9.1

주사위 2개를 던졌을 때 나오는 경우의 수를 구하라.

풀이

주사위를 두 개 던질 경우 나올 수 있는 수의 조합을 모두 적어보면 아래와 같다.

(1,1), (1,2), (1,3), (1,4), (1,5), (1,6),

(2,1), (2,2), (2,3), (2,4), (2,5), (2,6),

(3,1), (3,2), (3,3), (3,4), (3,5), (3,6),

(4,1), (4,2), (4,3), (4,4), (4,5), (4,6),

(5,1), (5,2), (5,3), (5,4), (5,5), (5,6),

(6,1), (6,2), (6,3), (6,4), (6,5), (6,6).

경우의 수는 36임을 확인할 수 있다.

주사위 두 개를 던질 경우, 각 주사위에 나오는 수는 서로 독립이다. 첫 번째 주사위에서 나오는 경우의 수가 6이고, 첫 번째 주사위에서 나오는 숫자에 대해, 두 번째 주사위에서 나올 수 있는 경우의 수가 6이므로, 전체 경우의 수는 $6 \times 6 = 36$이다.

예 9.2

주사위 2개를 던졌을 때 나오는 두 수의 합이 홀수가 나오는 경우의 수를 구하라.

풀이 1

(1,2), (1,4), (1,6),

(2,1), (2,3), (2,5),

(3,2), (3,4), (3,6),

(4,1), (4,3), (4,5),

(5,2), (5,4), (5,6),

(6,1), (6,3), (6,5).

총 18이다.

풀이2

주사위 두 개를 던질 경우, 두 수의 합이 홀수가 되려면, 첫 번째 주사위에서 홀수가 나오고, 두 번째 주사위에서 짝수가 나오거나, 첫 번째 주사위에서 짝수가 나오고, 두 번째 주사위에서 홀수가 나오는 것이다. 첫 번째 주사위에서 홀수가 나오고 두 번째 주사위에서 짝수가 나오는 경우의 수는 3×3=9이다. 첫 번째 주사위에서 짝수가 나오고 두 번째 주사위에서 홀수가 나오는 경우의 수도 3×3=9이다. 그러므로 두 수의 합이 홀수가 되는 모든 경우의 수는 9+9=18이다.

정의 9.1 합의 법칙

하나의 시행에서 여러 가지의 사건이 존재할 때 이들을 단순히 더해서 경우의 수를 세는 방법을 말한다. 단순히 말해서 모든 가능한 경우를 하나씩 직접 세는 것을 의미한다.

정의 9.2 곱의 법칙(rule of product)

두 개의 사건 A와 B에 대한 경우의 수가 각각 |A|, |B|일 때, 두 사건이 동시에 일어날 경우의 수는 |A|×|B|이다.

■ 순열

정의 9.3 순열

서로 다른 n개에서 k개를 택하여 순서있게 나열한 것을 n개에서 k개를 택하는 순열이라 하며 ${}_nP_k$로 나타낸다.

1부터 3까지 적인 카드가 있다고 가정해 보자. 이 세 개의 카드를 나열할 수 있는 경우의 수를 생각해 보면 아래와 같다.

(1,2,3), (1,3,2)

(2,1,3), (2,3,1)

(3,1,2), (3,2,1)

총 6개이다. 이렇게 순서를 고려하여 원소들을 중복없이 나열하는 것을 순열(permutation)이라 한다.

서로 다른 n개의 원소를 순서에 따라 n개를 모두 나열할 경우의 수는 n×(n-1)×(n-2)×.....×2×1이다.

만약 1,2,3이 적힌 서로 다른 카드에서 2장만 뽑아서 나열하는 경우를 생각해 보면 아래와 같다.

(1,2), (1,3)

(2,1), (2,3)

(3,1), (3,2)

총 6개이다.

위 정의 9.3에 따른 경우의 수는 아래와 같다.

$$nPr = n\times(n-1)\times(n-2)\times.....\times(n-r+1) = \frac{n!}{(n-r)!}$$

여기서 n!는 1부터 n까지의 곱이며, 0! = 1로 정의한다.

이 식에 따르면, n개의 원소에서 n개 모두 골라서 나열하는 경우의 수는 nPn = $\frac{n!}{(n-n)!} = n!$ 이다.

n개의 원소에서 0개의 원소를 골라서 나열하는 경우의 수는 $\frac{n!}{(n-0)!} = 1$ 이다.

예 9.3

[예 9.3] 여학생 3명, 남학생 4명이 일렬로 설 때 다음을 구하라.

(1) 여학생끼리 이웃하여 서는 경우는 모두 몇 가지인가?

(2) 여학생은 이웃하지 않게 서는 경우는 모두 몇 가지인가?

풀이

(1) 여학생 3명을 묶어서 한 사람으로 보면 모두 5명이므로 이 5명을 일렬로 세우는 방법은 5! 가지이고, 그 각각에 대하여 묶음 속의 여자 3명을 세우는 방법은 3! 가지이다. 그러므로 구하는 가지수는 $5!\times 3! = 720$ (가지)

(2) 남학생 4명을 일렬로 세우는 방법은 4! 가지이고, 그 각각에 대하여 양끝 및 남학생 사이의 5개의 자리 중에서 3개의 자리에 여학생3명을 세우는 방법은 $_5P_3$ 가지이다. 그러므로 구하는 가지수는 $4!\times {_5P_3} = 1440$ (가지)

예 9.4

서로 다른 5개의 문자 a,b,c,d,e 를 써서 만들어지는 120개의 순열을 사전식으로 $abcde$ 부터 시작하여

$edcba$ 까지 배열할 때, 다음을 구하라.

(1) 순열 $bdcea$ 는 몇 번째에 오는가?

(2) 60 번째에 오는 순열은 무엇인가?

풀이

(1) $bdcea$ 보다 앞에 오는 순열의 수를 구해 보면

ⓐ○○○○ → $4! = 24$ 개

ⓑⓐ○○○ → $3! = 6$ 개

ⓑⓒ○○○ → $3! = 6$ 개

ⓑⓓⓐ○○ → $2! = 2$ 개

ⓑⓓⓒⓐⓔ → 1 개

ⓑⓓⓒⓔⓐ

따라서 $bdcea$ 는 40 번째에 오는 순열이다.

(2) ⓐ○○○○, ⓑ○○○○, ⓒ○○○○의 꼴이 각각 $4!(=24)$ 개씩이므로 60 번째는 ⓒ○○○○의 꼴이다.

ⓐ○○○○ → $4! = 24$ 개

ⓑ○○○○ → $4! = 24$ 개

ⓒⓐ○○○ → $3! = 6$ 개

ⓒⓑ○○○ → $3! = 6$ 개

따라서 ⓒⓑ○○○의 꼴 중에서 마지막의 것이 60 번째이므로 구하는 순열은 $cbeda$ 이다.

정의 9.4

n개의 원소 중 같은 것이 각각 p개, q개, r개,......, s개씩 있을 경우 n개의 원소를 나열할 수 있는 경우의 수는 다음과 같다.

$$\frac{n!}{p!q!r!....s!}, \quad (p+q+r+....+s=n)$$

예 9.5

1이 3장, 2가 4장, 3이 5장, 4가 8장 있을 때, 이 카드들로 나열할 수 있는 경우의 수를 구하라.

풀이

카드는 총 20장 있다. 20장 중 1은 3장, 2는 4장, 3은 5장, 4는 8장 있으므로, 다음과 같이 계산할 수 있다.

$$\frac{20!}{3! \times 4! \times 5! \times 8!}$$

예 9.6

다음과 같은 지도를 보고 출발지부터 목적지까지 갈 수 있는 경로의 경우의 수를 구하라.

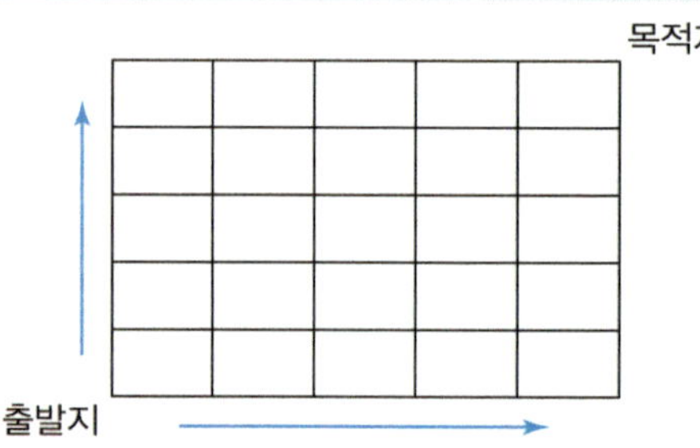

풀이

가능한 진행 방향은 가로와 세로이고, 가로방향으로 다섯 번, 세로방향으로 다섯 번을 가야 목적지에 도달할 수 있다. 그러므로 총 경우의 수는 다음과 같다.

$$\frac{10!}{5!\times 5!}=252$$

정의 9.5 **중복순열**

서로 다른 n 개에서 중복을 허락하여 k 개를 택하여 나열한 것을 n 개에서 k 개를 택하는 중복순열이라 하며 ${}_n\Pi_k$ 로 나타낸다.

중복순열의 수 ${}_n\Pi_k = n^k = n\times n\times\cdots\times n$ 이다.

정의 9.6

n개의 원소 중 r개를 선택하여 나열할 경우(중복을 허용)의 경우의 수는 n^r 이다.

예 9.7

0과 1로 이루어진 2개의 원소를 이용하여 4자리 수를 만들 수 있는 경우의 수를 구하라.

풀이

원소의 개수는 0과 1, 2개이다. 4자리수를 만드는 것이므로 중복을 허용하여 0 또는 1을 선택하여 나열하면 되므로, 각 자리별로 올 수 있는 수는 0과 1 두 가지이다. 그러므로 경우의 수는 $2^4=16$이다.

예 9.8

$A=\{1,2,3,4\}$, $B=\{a,b,c,d,e\}$ **일 때 다음을 구하라.**

(1) A **에서** B **로의 함수의 개수는?**

(2) A에서 B로의 일대일 함수의 개수는?

풀이

(1) 집합B의 원소a,b,c,d,e에서 중복을 허락하여 네 개를 뽑아

$1 \to \square,\ 2 \to \square,\ 3 \to \square,\ 4 \to \square$

의 ㅁ안에 늘어놓는 경우의 수와 같으므로 구하는 함수의 개수는

${}_5\Pi_4 = 5^4 = 625$ (개)

(2) 집합B의 원소a,b,c,d,e의 다섯 개에서 네 개를 뽑아

$1 \to \square,\ 2 \to \square,\ 3 \to \square,\ 4 \to \square$

의 ㅁ안에 늘어놓는 순열의 수와 같으므로 구하는 함수의 개수는

${}_5P_4 = 5 \times 4 \times 3 \times 2 = 120$ (개)

NOTE

$X = \{a_1, a_2, a_3, \cdots, a_k\}$, $Y = \{b_1, b_2, b_3, \cdots, b_n\}$에서

(1) X에서 Y로의 함수의 개수 → ${}_n\Pi_k$

(2) X에서 Y로의 일대일함수의 개수 → ${}_nP_k$

■ 조합

n개의 원소중 r개를 중복하지 않고 순서에 의미를 두면서 나열하는 경우의 수는 $nPr = \dfrac{n!}{(n-r)!}$이다. 만약 순서에 의미를 두지 않는다면, 이 경우의 수는 무엇인지 생각해 보자. 예를 들어 숫자 1,2,3이 있을 때, 만들 수 있는 3자리 수는 총 6개이다.

만약 순서를 고려하지 않고 3개의 숫자를 나열하는 것을 생각해 보자. 순서를 고려하지 않는다는 것은 123이나 213이나 312나 모두 동일한 것이다. 이런 경우, 1,2,3에서 3개의 숫자를 순서 고려하지 않고 고르는 경우의 수는 3가지 이다. 이것은 nPr을 이용하여 수식으로 표현하면 다음과 같다.

정의 9.7 조합

서로 다른 n개의 원소 중 중복없이 r개를 순서에 상관없이 선택하여 나열하는 것

조합의 경우의 수

(1) $nCr = \frac{nPr}{r!} = \frac{n!}{r!(n-r)!}$

(2) ${}_nC_0 = 1, {}_nC_n = 1, {}_nC_1 = n$

(3) ${}_nC_k = {}_nC_{n-k}$

예 9.9

카드가 10장 있는 경우, 이 중 카드의 종류에 구분없이 3장을 중복없이 선택하는 경우의 수를 구하라

풀이

순서에 상관없이, 중복없이 3장을 뽑는 것이므로 ${}_{10}C_3 = \frac{10!}{3!7!} = 120$

조합에서는 다음과 같은 식이 성립한다

(1) ${}_nC_r = \frac{{}_nP_r}{r!} = \frac{{}_nP_{n-r}}{(n-r)!}$

(2) ${}_nC_0 = \frac{{}_nP_0}{0!} = \frac{{}_nP_n}{n!} = {}_nC_n$

정리

〈분할, 분배의 방법의 수 (조편성)〉

1) 서로 다른 n 개의 물건을 p 개, q 개, r 개$(p+q+r=n)$ 3 묶음으로 나눌 때 (분할)

p,q,r 가 서로 다른 수이면 : ${}_nC_p \times {}_{n-p}C_q \times {}_rC_r$

p,q,r 중 어느 두 개가 같으면 : ${}_nC_p \times {}_{n-p}C_q \times {}_rC_r \times \frac{1}{2!}$

p,q,r 중 어느 세 개가 같으면 : ${}_nC_p \times {}_{n-p}C_q \times {}_rC_r \times \frac{1}{3!}$

2) 세 사람에게 p 개, q 개, r 개씩 나누어 주는 방법의 수 (분배)

→ (위의 각 경우의 수) $\times 3!$

예 9.10

파란색 카드가 10장, 빨간색 카드가 8장이 있다. 다음을 구하라.

(1) 파란색 카드 5장, 빨간색 카드 4장을 뽑는 경우는?

풀이

파란색 카드 5장을 뽑는 경우의 수는 ${}_{10}C_5 = \frac{10!}{5!(10-5)!} = \frac{10!}{5!5!} = 252$

빨간색 카드 4장을 뽑는 경우의 수는 ${}_8C_4 = \frac{8!}{4!(8-4)!} = \frac{8!}{4!4!} = 70$이므로 ${}_{10}C_5 \times {}_8C_4 = 17640$

(2) 5장을 뽑았을 때, 모든 카드가 파란색인 경우는?

풀이

18장에서 5장을 뽑았을 때 이 5장이 파란색 10장에서 선택되는 경우이므로 다음과 같이 계산된다.

$${}_{10}C_5 = \frac{10!}{5!(10-5)!} = \frac{10!}{5!5!} = 252$$

(3) 5장을 뽑았을 때, 모든 카드가 빨간색인 경우는?

풀이

$${}_{8}C_5 = \frac{8!}{5!(8-5)!} = \frac{8!}{5!3!} = 56$$

(4) 5장의 카드를 뽑았을 경우, 파란색과 빨간색 카드가 적어도 1장씩 포함되어 있는 경우의 수는?

풀이

5장의 카드를 뽑는 전체 경우의 수는 ${}_{18}C_5 = \frac{18!}{5!(18-5)!} = \frac{18!}{5!13!} = 8568$ 이다.

파란색과 빨간색 카드가 적어도 1장 포함된다는 의미는, 5장의 카드를 뽑았을 때, 모든 카드가 파란색이거나 빨간색인 경우를 제외한다는 의미와 같다. 그러므로, 5장의 카드를 뽑았을 경우 파란색과 빨간색 카드가 적어도 1장씩 포함되어 있는 경우의 수는 다음과 같이 계산할 수 있다.

$${}_{18}C_5 - ({}_{10}C_5 + {}_{8}C_5) = 8568 - (252 + 56) = 8260$$

예 9.11

카드가 총 18장 있다. 이 카드를 10장, 5장, 3장으로 나누는 경우의 수를 구하라.

풀이

카드가 총 18장 있으므로, 10장을 먼저 분리시키면, 8장이 남는다. 여기서 또다시 5장을 분리시키고, 나머지 3장을 분리시키면 3개의 그룹으로 나뉜다. 즉, 처음에 18장 중 10장을 선택하고, 그 후에 8장 중 5장, 마지막으로 3장 중 3장을 선택하면 된다. 이것을 수식으로 표현하면 다음과 같다.

$${}_{18}C_{10} \times {}_{8}C_5 \times {}_{3}C_3 = 43758 \times 56 \times 1 = 2,450,448$$

예 9.12

$A = \{1,2,3,4\}$, $B = \{a,b,c\}$ 일 때, $f : A \rightarrow B$ 중 치역과 공역이 일치하는 함수의 개수를 구하여라.

풀이

1,2,3,4 를 세 조로 나누어 a,b,c 에 분배하는 모든 방법의 수를 구한다.

그런데 각 조는 적어도 한 개의 원소를 포함해야 하므로 세 조로 나누는 방법은 (1 개, 1 개, 2 개)의 한 가지 방법이 있다.

따라서 f 중 치역과 공역이 일치하는 함수의 개수는

$${}_4C_1 \times {}_3C_1 \times {}_2C_2 \times \frac{1}{2!} \times 3! = 36\ (\text{개})$$

정의 9.8 중복조합

서로 다른 n개의 원소에서 r개를 선택할 때, 중복을 허용하고, 순서에 의미를 두지 않고 원소들을 나열하는 것.

중복조합의 경우의 수 : ${}_nH_r = {}_{n+r-1}C_r$

우리는 $(x+1)^2 = x^2 + 2x + 1$과 같은 전개식을 알고 있다. x+1과 같이 두 개의 단항식을 합한 것을 이항식이라 한다. 이항식의 차수가 커질 경우 이것을 전개하는 것은 복잡한 일이다. 이것을 순열 및 조합의 관점에서 본다면, 이항식의 전개는 각 항에 해당하는 단항식을 선택하는 문제와 같다. 예를 들어 $(x+1)^2$은 x와 1 두 개의 문자(또는 숫자) 2개를 선택하여 나열하는 문제로 볼 수 있다. $(x+1)^{10}$은 x와 1 두 개의 문자(또는 숫자) 10개를 선택하여 나열하는 것과 같은 문제로 볼 수 있다. 식 $(x+1)^2$을 전개하는 것은 x를 2개 선택하는 경우, 1을 2개 선택하는 경우, x를 선택하고 1을 선택하는 경우, 1을 선택하고 x를 선택하는 경우로 볼 수 있다. x를 2개 선택하는 경우의 수는 ${}_2C_2$이고 x를 1개, 1을 1개 선택하는 경우의 수는 ${}_2C_1 \times {}_1C_1$, 1을 1개 선택하고 x를 1개 선택하는 경우의 수 또한 ${}_2C_1 \times {}_1C_1$이다. 1을 두 개 선택하는 것은 x를 0개 선택하는 것과 같으므로 ${}_2C_0$이 될 수 있다. 여기서 ${}_2C_2$, ${}_2C_1$, ${}_2C_0$을 이항식의 계수, 즉 이항계수라 한다. 이항계수를 계산하는 일반식을 도출한 것을 이항정리라 한다.

정의 9.9 이항정리(Binomial Theorem)

이항식 $(x+y)^n$을 전개하였을 때의 각 항의 계수(이항계수, binomial coefficient) ${}_nC_k$ 는 다음을 만족한다.

$$(x+y)^n = \sum_{k=0}^{n} {}_nC_k x^{n-k} y^k$$

예 9.13

이항정리를 이용하여 $(x+2)^6$을 전개하라

풀이

이항정리를 이용하면 이 식은 다음과 같이 전개할 수 있다.

$$(x+2)^6 = \sum_{k=0}^{6} {}_6C_k x^{6-k} 2^k$$
$$= {}_6C_0 x^6 2^0 + {}_6C_1 x^5 2^1 + {}_6C_2 x^4 2^2 + {}_6C_3 x^3 2^3 + {}_6C_4 x^2 2^4 + {}_6C_5 x^1 2^5 + {}_6C_6 x^0 2^6$$
$$= x^6 + 12x^5 + 60x^4 + 160x^3 + 240x^2 + 192x + 64$$

■ 확률

확률은 불확실한 상황을 정량화하여 표현하기에 적합한 수학적 모델이다. 인공지능 모델에서 추론을 할 때 확률의 개념이 많이 사용된다. 일반적으로 확률은 어떤 사건이 발생할 가능성을 의미한다. 확률이 높을수록 그 사건이 발생할 가능성이 높은 것이고, 확률이 낮을수록 그 사건이 발생할 가능성이 낮은 것이다. “어떤 일이 일어날 가능성이 100%”라고 말할 경우, 이 사건은 반드시 일어난다는 것을 의미하며, 확률에서는 100% 또는 1이라는 숫자로 표현한다. 반대로, 어떤 일이 일어날 가능성이 0%일 경우 확률에서는 0% 또는 0이라는 숫자로 표현한다. 그러므로 확률의 최소값은 0, 최대값은 1이다. 확률에서는 별도의 증명이 필요 없는 공리가 3개 존재하는데, 확률의 모든 정의 및 정리는 이 공리에 기반하고 있다. 이 공리는 러시아의 수학자인 안드레이 콜모고로프에 의해 처음 제시되었다.

[확률의 공리]

○ 제 1공리

어떤 사건이 일어날 확률은 0 이상의 실수이다.

○ 제 2공리

전체 표본 공간의 확률은 1이다.

○ 제 3공리

상호배반 사건 A와 B에 대해 P(A∪B) = P(A) + P(B)를 만족한다.

정의 9.10 확률(Probability)

표본공간 S에서 특정 사건 E가 일어날 가능성

$P(E) = \frac{|E|}{|S|}$ (|E|와 |S|는 각각 특정사건에 해당하는 원소와 표본공간 원소의 개수이다)

표본공간은 어떤 일을 시행하였을 때 일어날 수 있는 모든 경우에 해당하는 공간을 의미하고, 전체 사건이라고도 한다. 예를 들어 주사위를 던질 경우에 표본 공간 S는 S={1,2,3,4,5,6}이고 |S|=6이다.

예 9.14

주사위를 2개 던질 경우를 가정하고 다음의 문제들을 풀어라.

(1) 표본공간을 구하라.

풀이

주사위 2개를 던지는 사건에 대한 표본공간은, 주사위를 2개 던졌을 경우 나타날 수 있는 모든 사건을 나열한 것과 같다. 즉, 표본공간 S은 다음과 같다

S = {(1,1), (1,2), (1,3), (1,4), (1,5), (1,6), (2,1), (2,2), (2,3), (2,4), (2,5), (2,6), (3,1), (3,2), (3,3), (3,4), (3,5), (3,6), (4,1), (4,2), (4,3), (4,4), (4,5), (4,6), (5,1), (5,2), (5,3), (5,4), (5,5), (5,6), (6,1), (6,2), (6,3), (6,4), (6,5), (6,6)}

(2) 표본공간 S의 개수를 구하라.

풀이

위 (1)에서 본 바와 같이 표본공간 S의 개수는 36임을 알 수 있다. 또는 각 주사위의 표본공간 개수를 이용하여 전체 표본공간의 개수를 구할 수도 있다. 주사위 한 개의 표본공간의 개수는 각각 6이다. 주사위 2개를 던졌을 때, 각각의 주사위를 던졌을 때 일어나는 사건은 서로 독립이므로, 두 개의 주사위를 던졌을 때 일어날 수 있는 전체 사건의 수, 즉 표본공간의 개수는 6×6=36이다.

(3) 주사위 2개를 던졌을 때, 두 수가 같을 확률을 구하라.

풀이

두 수가 같은 사건 A는 다음과 같다

A = {(1,1), (2,2), (3,3), (4,4), (5,5), (6,6)}

두 수가 같을 확률을 P라 할 때, P는 |A|/|S|이므로, P는 1/6이다.

예 9.15

상자 안에 검은 공 5개, 흰 공 3개, 파란 공 4개가 있다. 이 중 3개의 공을 꺼내고자 한다. 다음 문제를 풀어라.

(1) 공 3개를 꺼내는 사건에 대한 경우의 수, 즉 표본공간의 개수를 구하라

풀이

공 3개를 꺼내는 것은 전체 12개 중 3개를 꺼내는 것이고, 이것은 순서를 고려하지 않는다. 그러므로, 경우의 수는 다음과 같다.

$$ {}_{12}C_3 = \frac{12!}{3!(12-3)!} = 220 $$

(2) 3개를 꺼냈을 때, 모든 공이 검은 공일 확률을 구하라

풀이

검은공 3개가 선택될 경우의 수는 검은공 5개 중 3개를 고르는 경우의 수와 같다. 즉, 검은공 3개가 선택되는 경우의 수는 ${}_5C_3 = \frac{5!}{3!2!} = 10$이다.

선택된 모든 공이 검은 공일 확률은 10/220 = 1/22 이다.

(3) 3개의 공을 꺼냈을 때, 흰 공이 1개, 파란 공이 2개일 확률을 구하라

풀이

흰 공이 1개인 경우와 파란 공이 2개인 경우가 동시에 발생하는 경우의 수는 ${}_3C_1 \times {}_4C_2 = 18$이다. 그러므로, 흰 공이 1개인 경우와 파란공이 2개인 경우의 확률은 18/220 이다.

정의 9.11 배반사건

두 사건 A와 B가 동시에 일어나지 않는 경우, 두 사건을 상호배반이라 한다.
$A \cap B = \varnothing, P(A \cap B) = 0.$

정의 9.12 독립사건

두 사건 A와 B가 독립이 경우 $P(A \cap B) = P(A)P(B)$ 이다.

위 두 정의를 활용하여, 사건 A 또는 B가 일어날 사건의 확률은 다음과 같다(확률의 덧셈정리).

$$ P(A \cup B) = P(A) + P(B) - P(A \cap B). $$

만약, 두 사건이 독립이냐, 상호배반이냐에 따라 $P(A \cup B)$의 결과는 다음과 같이 달라진다.

(1) 두 사건 A와 B가 독립일 경우

$$ P(A \cup B) = P(A) + P(B) - P(A \cap B) = P(A) + P(B) - P(A)P(B) $$

(2) 두 사건 A와 B가 상호배반일 경우

$$ P(A \cup B) = P(A) + P(B) - P(A \cap B) = P(A) + P(B) - 0 = P(A) + P(B) $$

우리는 집합에서 여집합(complementry set)을 배웠다. 확률에서 여사건, 즉 사건 A가 일어나지 않을 확률은 다음과 같다.

$$P(A^C) = 1 - P(A)$$

사건 A와, 사건 A를 제외한 여사건 A^C는 동시에 일어날 수 없으므로 상호배반이기도 하다.

조건부 확률 P(B|A)는, 사건 A가 일어났다는 전제 하에 사건 B가 일어날 확률이다. 예를 들어 교실에 학생 100명이 있다고 가정해 보자. 이 중 컴퓨터공학과 학생은 60명이고, 수학과 학생은 40명이 있다고 가정하자. 그리고 시험점수를 80점 이상 받은 학생은 50명(컴퓨터공학과 학생 25명, 수학과 학생 25명) 80점 미만을 받은 학생은 50명(컴퓨터공학과 학생 35명, 수학과 학생 15명)이다. 점수의 분포를 다음 표와 같이 나타낼 수 있다.

	80점 이상	80점 미만
컴퓨터공학과	25	35
수학과	25	15

예 9.16

그렇다면, 여기서 다음의 문제들에 대한 답을 구하라.

(1) 컴퓨터공학과 학생의 비율(교실에 있는 학생들 중 임의의 학생을 호명할 경우 이 학생이 컴퓨터공학과 소속일 확률) : 60/100 = 0.6

(2) 수학과 학생의 비율(교실에 있는 학생들 중 임의의 학생을 호명할 경우 이 학생이 수학과 소속일 확률) : 40/100 = 0.4

(3) 수학과 학생이 80점 미만일 확률

풀이

이 문제는 80점 미만을 받은 학생의 소속이 수학과 학생일 확률을 구하는 것이다. 수학과 학생의 수가 40명이고, 이 중 80점 미만의 점수를 받은 학생은 15명이라고 볼 수 있으므로, 15/40 = 0.375이다.

이것을 조건부 확률로 표현하면 P(80점 미만의 점수를 받은 사건 | 학생 소속이 수학과인 사건)이다. 여기서 학생 소속이 수학과인 사건이 이 조건부 확률의 표본 사건이 되는 것이고, 80점 미만의 점수를 받은 사건은, 수학과 학생 40명 중 80점 미만의 점수를 받은 사건이 되는 것이다. 이것이 조건부 확률의 예시이며, 조건부 확률 P(B | A)는 다음과 같이 계산할 수 있다.

정의 9.13 조건부 확률

두 사건 A와 B에 대해 사건 A가 일어났다는 가정 하에, 사건 B가 일어날 확률

$$P(B|A) = \frac{P(A \cap B)}{P(A)}$$

정의 9.12에 따라 위 문제를 다시 풀어보자. 사건 A는 학생이 수학과 소속인 사건에 해당되고, 사건 B는 수학과 학생이 80점 미만을 받은 사건에 해당된다.

그러므로 수학과 소속 학생이 80 미만 점수를 받을 확률은 다음과 같이 계산할 수 있다.

$$P(B|A) = \frac{P(A \cap B)}{P(A)} = \frac{15/100}{40/100} = \frac{15}{40} = 0.375$$

정의 9.14 분할(partition)

S의 부분집합 $A_1, A_2, \cdots, A_n$가 $A_1 \cup A_2 \cup \cdots \cup A_n = S$를 만족하며 $i \neq j$인 i, j에 대해 $A_i \cap A_j = \phi$일 때 $A_1, A_2, \cdots, A_n$를 S의 분할이라 한다.

정리

전확률정리(Total probability theorem)

사건 $A_1, A_2, \cdots, A_n$이 표본공간의 분할이고 $P(A_i) > 0$이면, 임의의 사건 B에 대하여

$$P(B) = \sum_{i=1}^{n} P(A_i \cap B) = \sum_{i=1}^{n} P(A_i) P(B|A_i)$$

$* B = (A_1 \cap B) \cup (A_2 \cap B) \cup \cdots \cup (A_n \cap B)$

정리

베이즈정리(Baye's Theorem)

사건 $A_1, A_2, \cdots, A_n$이 표본공간의 분할이고 $P(A_i) > 0, P(B) > 0$이면

$$P(A_k|B) = \frac{P(A_k \cap B)}{P(B)} = \frac{P(A_k) P(B|A_k)}{\sum_{i=1}^{n} P(A_i) P(B|A_i)}$$

예 9.17

어느 공장에서 세 개의 기계 M_1, M_2, M_3가 전체 품목의 $40\%, 35\%, 25\%$를 각각 생산한다고 한다. 이 기계들의 생산품에 대한 불량률은 각각 $5\%, 3\%, 4\%$이다. 한 생산품을 무작위로 추출할 때 이 생산품이 불량품일 확률을 구하라. 또 불량품이 발견되었을 때 그것이 기계 M_1에서 생산되었을 확률을 구하라.

풀이

$B=\{$불량품$\}$, $A_1=\{$기계M_1 의 생산품$\}$, $A_2=\{$기계M_2 의 생산품$\}$,

$A_3=\{$기계M_3 의 생산품$\}$이라 하자.

전확률정리에 의하여

$$P(B)=P(A_1\cap B)+P(A_2\cap B)+P(A_3\cap B)$$
$$=P(A_1)P(B|A_1)+P(A_2)P(B|A_2)+P(A_3)P(B|A_3)$$
$$=0.4\times 0.05+0.35\times 0.03+0.25\times 0.04=0.0405$$

베이즈정리에 의하여

$$P(A_1|B)=\frac{P(A_1\cap B)}{P(B)}=\frac{P(A_1)P(B|A_1)}{\sum_{i=1}^{3}P(A_i)P(B|A_i)}=\frac{0.4\times 0.05}{0.0405}\fallingdotseq 0.49$$

정의 9.15

i) $P(A\cap B)=P(A)\cdot P(B)$

ii) $P(A\cap C)=P(A)\cdot P(C)$

iii) $P(B\cap C)=P(B)\cdot P(C)$

iv) $P(A\cap B\cap C)=P(A)\cdot P(B)\cdot P(C)$ 를 만족하는 세 사건A,B,C는 서로 독립이다.

A,B,C가 서로 독립이면

① $A,B\cup C$ ② $A\cap B,C^c$ ③ $A,B\cap C$ 도 독립이다.

Sampling(표본, 추출) rule

① Sampling with replacement(복원추출)

→이 경우 각 시행은 독립

② Sampling without replacement(비복원추출)

→이 경우 각 시행은 종속

예 9.18

주머니 속에 흰 공 4 개, 붉은 공 6 개가 들어있다. 이 중에서 한 개씩 두 번 꺼낼 때, 다음 각 경우에 대하여 두 개가 모두 흰 공일 확률을 구하라.

(1) 처음에 꺼낸 공을 다시 넣지 않는 경우(비복원추출)

(2) 처음에 꺼낸 공을 다시 넣는 경우(복원추출)

풀이

첫 번째, 두 번째에 흰 공이 나오는 사건을 각각 A, B 라 한다.

(1) $P(A\cap B) = P(A)P(B|A) = \frac{4}{10}\times\frac{3}{9} = \frac{2}{15}$

(2) $P(A\cap B) = P(A)P(B|A) = \frac{4}{10}\times\frac{4}{10} = \frac{4}{25}$

종속사건과 독립사건의 예시를 살펴보자.

(1) $P(B|A) = \frac{3}{9}, P(B|A^c) = \frac{4}{9}$

곧 $P(B|A) \neq P(B|A^c)$ $\quad\therefore$ 사건 B 는 사건 A 에 종속

(2) $P(B|A) = \frac{4}{10}, P(B|A^c) = \frac{4}{10}$

곧 $P(B|A) = P(B|A^c) = P(B)$ $\quad\therefore$ 사건 B 는 사건 A 에 독립

어떤(같은) 시행을 반복할 때 매번 일어나는 시행의 결과가 서로 독립인 경우에 이러한 시행을 독립시행이라 한다.

정리

독립시행의 정리(독립시행의 확률)

한 번의 시행에서 사건 A 가 일어날 확률을 p, 사건 A 가 일어나지 않을 확률을 $q(=1-p)$ 라 하자. 이 시행을 독립으로 n 회 반복할 때 사건 A 가 r 회 일어날 확률을 P_r 라 하면

$P_r = {}_nC_r p^r q^{n-r}$ (단, $p+q=1, r=0,1,2,\cdots,n$)

${}_nC_r$: A 가 일어나는 경우의 수, $p^r q^{n-r}$: A 가 r 회 일어날 확률

예를 들어, 한 개의 주사위를 던져서 1의 눈이 나오면 O표, 1 이외의 눈이 나오면 X표로 나타내기로 하면 4회 중 1회만 1의 눈이 나오는 경우와 확률은

$$\text{OXXX} \rightarrow \frac{1}{6} \cdot \frac{5}{6} \cdot \frac{5}{6} \cdot \frac{5}{6} = \left(\frac{1}{6}\right)^1 \left(\frac{5}{6}\right)^3$$

$$\text{XOXX} \rightarrow \frac{5}{6} \cdot \frac{1}{6} \cdot \frac{5}{6} \cdot \frac{5}{6} = \left(\frac{1}{6}\right)^1 \left(\frac{5}{6}\right)^3$$

$$\text{XXOX} \rightarrow \frac{5}{6} \cdot \frac{5}{6} \cdot \frac{1}{6} \cdot \frac{5}{6} = \left(\frac{1}{6}\right)^1 \left(\frac{5}{6}\right)^3$$

$$\text{XXXO} \rightarrow \frac{5}{6} \cdot \frac{5}{6} \cdot \frac{5}{6} \cdot \frac{1}{6} = \left(\frac{1}{6}\right)^1 \left(\frac{5}{6}\right)^3$$

와 같다.

이와 같이 경우의 수는 4가지($= {}_4C_1$ 가지)이고 각 경우는 서로 배반이며 각 경우의 확률은 모두 같으므로 확률 P_1 는

$$P_1 = {}_4C_1 \left(\frac{1}{6}\right)^1 \left(\frac{5}{6}\right)^3$$

일반적으로 한 개의 주사위를 n 회 던져서 1의 눈이 r 회 나올 확률을 P_r 라 하면 P_r 는 다음과 같다.

$$P_r = {}_nC_r \left(\frac{1}{6}\right)^r \left(\frac{5}{6}\right)^{n-r}$$

예 9.19

다섯 개의 보기 중 맞는 것에 ○표를 하는 5지선다형의 문제가 15문제 주어졌다. 다섯 개의 보기 중에서 정답은 오직 한 개이고 수험생은 그 중 한 개만 ○표를 하는 것으로 한다. 어떤 수험생이 임의로 ○표를 할 때, 8 문제 이상 맞을 확률을 구하라.

풀이

각 문제마다 맞을 확률은 $\frac{1}{5}$ 이고, r 문제 모두 맞을 확률 P_r 는 $P_r = {}_nC_r \left(\frac{1}{5}\right)^r \left(\frac{4}{5}\right)^{n-r}$ 이다. 따라서 8 문제 이상 맞을 확률은 $P_8 + P_9 + P_{10} + P_{11} + P_{12} + P_{13} + P_{14} + P_{15} = 0.004$

■ 확률분포

확률분포(Probability distribution)는 표본공간에서 어떤 사건이 일어나거나, 어떤 값이 나타날 수 있는 확률을 나타내는 함수이다. 확률분포를 설명하기 위해서는 확률변수라는 개념을 먼저 알아야 한다. 확률 변수는 말 그대로, 어떤 수를 의미하는데, 이 수는 어떤 사건이 일어날 수 있는 확률에 대응하는 특정 값을 의미한다. 이 값이 연속적이면 연속확률변수 또는 연속변수(continuous random variable)라 하고, 이산적이면 이산확률변수 또는 이산변수(discrete variable)라 한다.

정의 9.16 확률질량함수(Probability Mass Function)

이산확률변수 X가 취할 수 있는 값 $x_1, x_2, \cdots$ 의 각각에 대하여 확률 $P(X=x_1), P(X=x_2), \cdots$ 를 대응시켜주는 관계

$$f(x) = \begin{cases} P(X=x_i) & , x = x_i \\ 0 & , \text{otherwise} \end{cases}$$

> **NOTE**
>
> 확률질량함수의 조건
>
> ① $0 \le f(x) \le 1, {}^{\forall}x$
>
> ② $\sum_{x} f(x) = 1$
>
> ③ $P(a \le X \le b) = \sum_{a \le X \le b} f(x_i)$

정의 9.17 누적(확률)분포함수(Cumulative Distribution Function)

$F(x) = P(X \le x) = \sum_{t \le x} f(t)$ 일 때 F는 누적분포함수라 한다.

> **NOTE**
>
> 누적분포함수의 성질
>
> ① $0 \le F(x) \le 1$
>
> ② $F(-\infty) = 0, F(\infty) = 1$
>
> ③ $P(a < X \le b) = F(b) - F(a)$

이산확률 분포에서의 간단한 예를 들어보자. 주사위를 던졌을 때 나오는 수를 확률변수로 정의하고, 경우의 수, 그리고 확률분포를 확인해 보자.

확률변수 x	경우의 수	확률분포
1	1	P(x=1) = 1/6
2	1	P(x=2) = 1/6
3	1	P(x=3) = 1/6
4	1	P(x=4) = 1/6
5	1	P(x=5) = 1/6
6	1	P(x=6) = 1/6

더 간단한 예를 들어보자. 동전을 던졌을 때 나오는 면에 대한 경우의 수와 확률분포를 확인해 보자.

확률변수 x	경우의 수	확률분포
H(앞면) = 1	1	P(x=1) = 1/2
T(뒷면) = 2	1	P(x=2) = 1/2

확률변수는, 발생할 수 있는 사건에 어떤 실수(보통은 음이 아닌 정수)를 대응시킨 것이다.

예 9.20

동전을 두 개 던졌을 때, 앞면이 나온 횟수에 대한 확률분포를 구하라.

풀이

동전을 두 개 던질 경우, 앞면이 나오는 횟수는 0, 1, 2이다. 이 횟수를 확률 변수로 하여, 확률분포를 구하면 다음과 같다.

확률변수 x	경우의 수	확률분포
앞면개수 = 0	1 (TT)	P(x=0) = 1/4
앞면개수 = 1	2(HT, TH)	P(x=1) = 1/2
앞면개수 = 2	1(HH)	P(x=2) = 1/4

모든 확률변수에 대한 확률분포를 더하면 1이다.

확률 변수 X=x_i에 대한 확률분포값을 p_i라고 할 때, 확률분포의 기댓값(또는 평균값) E(X)은 다음과 같다.

$$E(X) = \sum_{i=1}^{N} x_i p_i$$

예 9.22의 경우에 대한 기댓값을 구하면 다음과 같다.

$$E(X) = \sum_{i=1}^{N} x_i p_i = 0 \times \frac{1}{4} + 1 \times \frac{1}{2} + 2 \times \frac{1}{4} = 1$$

분산(variance)값 V(X)은, 확률 변수에 대응하는 값들이 기댓값 E(X)로부터 얼마나 떨어져 있는지를 나타내는 값이며, 다음과 같이 계산할 수 있다.

$$V(X) = E[(X - E(X))^2] = \sum_{i=1}^{N} (x_i - E(X))^2 p_i$$

그리고 표준편차 $\sigma(X) = \sqrt{V(X)}$ 이다.

위 예 9.22에 대해 V(X)를 구하면 다음과 같다.

$$\begin{aligned} V(X) &= E[(X - E(X))^2] = \sum_{i=1}^{N} (x_i - E(X))^2 p_i \\ &= (0-1)^2 \frac{1}{4} + (1-1)^2 \frac{1}{2} + (2-1)^2 \frac{1}{4} \\ &= \frac{1}{2} \end{aligned}$$

표준편차는 $\sqrt{1/2}$ 이다.

[참고]

정의 9.18 확률밀도함수(Probability Dencity Function)

다음의 3 조건을 만족시키는 함수 $f(x)$ 를 연속확률변수 X의 확률밀도함수 또는 연속확률밀도함수라 한다.

① $f(x) \geq 0, {}^{\forall}x$ ② $\int_{-\infty}^{\infty} f(x) = 1$ ③ $P(a \leq X \leq b) = \int_a^b f(x)dx$

정의 9.19 누적(확률)분포함수(Cumulative Distribution Function)

$F(x) = P(X \leq x) = \int_{-\infty}^{x} f(t)dt$ 일 때 F는 (누적)분포함수라 한다.

NOTE

누적분포함수의 성질

① i) $F(-\infty)=0, F(\infty)=1$ ii) $0 \le F(x) \le 1$ iii) $F(a)=\int_{-\infty}^{a} f(t)dt$

② 미분가능한 경우 $f(x)=\dfrac{dF(x)}{dx}$ ③ $a < b \Rightarrow F(a) \le F(b)$

④ $P(a < X \le b)=F(b)-F(a)$

⑤ $P(X=a)=P(a \le X \le a)=\int_{a}^{a} f(x)dx=0$

$\Rightarrow P(a \le X \le b)=P(a < X \le b)=P(a \le X < b)=P(a < X < b)$

$=\int_{a}^{b} f(x)dx$

■ 이산확률 분포의 종류

1. 베르누이분포(Bernoulli distribution)

◈ 베르누이시행(Bernoulli trials) :

매 시행마다 오직 2개의 가능한 결과만 발생하며, 각 시행이 서로 독립적인 실험

① 두 가지의 실현 가능한 결과 : 성공(S), 실패(F)

② 성공확률 : p , 실패확률 : $q=1-p$

(1) 베르누이확률변수

$$X(e)=\begin{cases}1, & e \in S \\ 0, & e \in F\end{cases}$$

(2) 베르누이분포의 확률함수

$$f(x)=P[X=x]=p^{x}(1-p)^{1-x} \ , \ x=0,1 \ , \ 0 \le p \le 1$$

기호 : $X \sim Ber(p)$

2. 이항분포(Binomial distribution)

베르누이시행을 독립적으로 n 번 반복시행한 결과로 얻는 성공한 횟수에 대한 확률분포

(1) 이항확률변수

성공확률이 p 인 베르누이시행을 n 번 반복하였을 때 나타나는 성공의 횟수

$\rightarrow X \equiv X_1 + X_2 + X_3 + \cdots + X_n$

(2) 이항분포의 확률함수

$$f(x) = P[X=x] = {}_nC_x p^x (1-p)^{n-x} \ , \ x = 0,1,2,\cdots,n \ , \ 0 \le p \le 1$$

기호 : $X \sim B(n,p)$

*베르누이분포는 $n=1$ 인 이항분포

예 9.21

주머니 안에 빨간 공 7개, 흰 공 3개가 들어 있다. 복원추출 5번 시행 중에서 빨간 공의 개수를 X라 할 때, 확률변수 X의 확률함수를 구하라.

풀이

X는 이항분포 $B\left(5, \frac{7}{10}\right)$ 이다.

따라서 $f(x) = {}_5C_x\left(\frac{7}{10}\right)^x\left(1-\frac{7}{10}\right)^{5-x}$, $x = 0, 1, 2, 3, 4, 5$

3. 초기하분포(hypergeometric distribution)

불량률이 p 이고 크기가 N 인 유한모집단에서 표본(크기 n)을 채취할 때 불량개수 x 의 확률분포(비복원추출 방법에 의해 뽑혀진 표본에서의 확률분포)

(1) 초기하확률변수

전체 N 개 중 k 개가 불량이라고 하자. 여기서 n 개를 비복원추출 하였을 때 추출된 불량품의 개수를 확률변수 X 라 정의한다.

$\rightarrow X = 0,1,2,\cdots,\min(k,n)$

(2) 초기하분포의 확률함수

$$f(x) = P[X=x] = \frac{{}_kC_x \cdot {}_{N-k}C_{n-x}}{{}_NC_n} \ , \ x = 0,1,2,\cdots,\min(k,n)$$

기호 : $X \sim HYP(N,k,n)$

N : 유한모집단의 크기 n : 표본의 크기

$k\,(=Np)$: 유한모집단 내의 불량품 수 x : 표본 중의 불량품 수

$(p=)\dfrac{k}{N}$: 유한 모집단 내의 불량률 $n-x$: 표본 중의 양품 수

$N-k$: 유한 모집단 내의 양품 수

예 9.22

검은 공 5개, 흰 공 4개가 들어 있는 주머니에서 3개의 공을 비복원추출할 때 검은 공이 2개 나올 확률을 초기하분포를 이용하여 구하라.

풀이

$$P(X=2) = \frac{{}_5C_2\,{}_4C_1}{{}_9C_3} = \frac{10}{21}$$

정리

$N\to\infty$, $k\to\infty$, $\dfrac{k}{N}\to p$ (양의 실수)일 때 초기하분포 $HYP(N,k,n)$ 는 이항분포 $B\left(n, \dfrac{k}{N}\right)$ 에 근사한다 (초기하분포 근사).

증명

$$P[X=x] = \frac{{}_kC_x \cdot {}_{N-k}C_{n-x}}{{}_NC_n}$$

$$= \frac{[k\cdots(k-x+1)]/x!\cdot[(N-k)\cdots(N-k-n+x+1)]/(n-x)!}{[N\cdots(N-n+1)]/n!}$$

$$= \frac{n!}{x!(n-x)!}\cdot\frac{[k^x\cdots(1-\frac{x-1}{k})]\cdot[(N-k)^{n-x}\cdots(1-\frac{n-x-1}{N-k})]}{N^n\cdots(1-\frac{n-1}{N})}$$

여기서 N, k, $N-k$ 가 충분히 크므로

$\dfrac{1}{N}$, $\dfrac{(n-1)}{N}$, $\dfrac{1}{k}$, $\dfrac{(x-1)}{k}$ 등은 0 에 가까워진다. 그러므로

$$P[X=x] \fallingdotseq \frac{n!}{x!(n-x)!}\cdot\frac{k^x(N-k)^{n-x}}{N^n} = {}_nC_x\left(\frac{k}{N}\right)^x\left(\frac{N-k}{N}\right)^{n-x}$$

$$= {}_nC_x\,p^x(1-p)^{n-x},\quad p=\frac{k}{N}$$

4. 기하분포(geometric distribution)

성공확률이 p 인 베르누이시행을 독립적으로 반복할 때, 처음 성공할 때 까지의 시행횟수에 대한 확률분포(첫 번째 성공이 발생할 때까지 시행을 하는 것)

(1) 기하확률변수

성공률 p 인 베르누이시행에서 첫 번째 성공이 발생할 때까지 필요한 시행횟수 X를 기하확률변수라고 한다.

(2) 기하분포의 확률함수

$$f(x) = P[X=x] = p \cdot (1-p)^{x-1}, \quad x = 1,2,\cdots, \quad 0 \le p \le 1$$

기호 : $X \sim \mathrm{GEO}(p)$

5. 음이항분포(negative binomial distribution)

성공의 횟수가 r 개가 될 때까지 계속 시행하는 분포

(1) 음이항확률변수

성공률 p 인 베르누이시행에서 r 회의 성공이 발생할 때까지 필요한 시행횟수 X를 음이항확률변수라고 한다.

(2) 음이항분포의 확률함수

$$f(x) = P[X=x] = {}_{x-1}C_{r-1}p^r q^{x-r}, \quad x = r, r+1, \cdots, \quad 0 \le p \le 1$$

기호 : $X \sim NB(r,p)$

*기하분포는 $n=1$ 인 음이항분포

예 9.23

성공확률이 0.7인 베르누이시행에서 5번째 시행에서 3번째의 성공이 일어날 확률은 얼마인지 구하라.

풀이

$P(X=5) = {}_4C_2(0.7)^3(0.3)^2$, $X \sim NB(3, 0.7)$

6. 포아송분포(Poisson distribution)

연속(continuous)시간축 상에서 임의로 발생하는 이산(discrete)사건을 묘사 할 때 활용

(1) 포아송확률변수

단위공간이나 단위시간 내에서 발생하는 사건의 수

(2) 포아송분포의 확률함수

$$f(x) = P[X = x] = e^{-\lambda}\frac{\lambda^x}{x!} \ , \ x = 0, 1, \cdots \ , \ \lambda > 0$$

기호 : $X \sim POI(\lambda)$

(3) 포아송분포를 사용하는 예

① 단위시간의 전화신청횟수

② 제품의 일정한 단위면적 내에 있는 결점 수

③ 어느 지역에서의 1 일 교통사고 사망자 수

④ 타이프 된 보고서의 페이지 당 오자 수

정리

이항분포의 극한으로부터 포아송분포의 유도

$n \to \infty$ 일 때, $B(n,p) \to POI(\lambda)$

증명

$B(n,p)$ 에서 $np = \lambda$ (일정)라고 하자. (단, $n \to \infty$, $p \to 0$)

$$P[X = x] = \lim_{n \to \infty} {}_nC_x\, p^x q^{n-x} = \lim_{n \to \infty} {}_nC_x \left(\frac{\lambda}{n}\right)^x \left(1 - \frac{\lambda}{n}\right)^{n-x}$$

$$= \lim_{n \to \infty} \frac{n(n-1)(n-2) \ \cdots \ (n-x+1)}{x!} \frac{\lambda^x}{n^x} \left(1 - \frac{\lambda}{n}\right)^n \left(1 - \frac{\lambda}{n}\right)^{-x}$$

$$= \frac{\lambda^x}{x!} \lim_{n \to \infty} \left(1 - \frac{\lambda}{n}\right)^n \left(1 - \frac{\lambda}{n}\right)^{-x} \left(1 - \frac{1}{n}\right)\left(1 - \frac{2}{n}\right) \ \cdots \ \left(1 - \frac{x-1}{n}\right)$$

$$= \frac{\lambda^x}{x!} e^{-\lambda} \quad , \quad (x = 0, 1, 2, \cdots)$$

[참고]

포아송확률은 이항확률에서 np 를 상수 λ 로 고정시킨 상태에서 $n \to \infty$ 인 경우이므로 n 이 커질수록 이항확률은 포아송확률과 가까워질 것이다. 이항확률은 포아송확률로 근사시켰을 때의 정확도를 알아보기 위해 $X \sim B(n=5,\ p=0.2)$ 와 $X \sim B(n=100,\ p=0.01)$ 의 경우, 값을 계산해본 것이 아래 표에 나타나 있다.

이항확률의 포아송근사값, $\lambda = np = 5 \times 0.2 = 1$

	이항분포	포아송분포
x	${}_5C_x\,(0.2)^x\,(1-0.2)^{5-x}$	$\dfrac{e^{-\lambda}\ (\lambda)^x}{x!}$, $e \fallingdotseq 2.7$
0	0.328	0.368
1	0.410	0.368
2	0.205	0.184
3	0.051	0.061
4	0.006	0.015
5	0.000	0.003
6이상	0	0.001
계	1.000	1.000

이항확률의 포아송근사값, $\lambda = np = 100 \times 0.01 = 1$

	이항분포	포아송분포
x	${}_{100}C_x\,(0.01)^x\,(1-0.01)^{100-x}$	$\dfrac{e^{-\lambda}\ (\lambda)^x}{x!}$, $e \fallingdotseq 2.7$
0	0.366	0.368
1	0.370	0.368
2	0.185	0.184
3	0.061	0.061
4	0.015	0.015
5	0.003	0.003
6	0.000	0.001
7이상	0.000	0.000
계	1.000	1.000

NOTE

포아송분포는 이항분포에서 다음과 같은 경우 유용한 분포이다.

① n 이 크고, p 가 작을 때($n > 30, p \le 0.05, np \le 5$)

② 개별적인 n 과 p 는 모르고, 과거의 통계들로 평균$np = \lambda$ 만 알려져 있을 때

예 9.24

공장에서 생산된 물품의 2%가 불량품이라 하면 100개의 물품 중 3개가 불량품일 확률을 구하라.

풀이

불량품개수X는 이항분포$B(100, 0.02)$ 이다. $np = 100 \times 0.02 = 2 < 5$ 이므로 포아송근사 $\lambda = np = 2$ 를 이용하여 구한다.

$$P(X=3) = \frac{e^{-2}2^3}{3!} = 0.18$$

위에서 언급한 이산확률분포에서의 기댓값은 다음 표와 같다.

	기댓값$E(X)$
이산균등분포	$\sum_{x=1}^{n} x \cdot \frac{1}{n} = \frac{n+1}{2}$
베르누이분포	$\sum_{x=0}^{1} x \cdot p^x (1-p)^{1-x} = p$
이항분포	$\sum_{x=0}^{n} x \cdot {}_nC_x p^x (1-p)^{n-x} = np$
초기하분포	$\sum_{x=0}^{k} x \cdot \frac{{}_kC_x \cdot {}_{N-k}C_{n-x}}{{}_NC_n} = \frac{nk}{N} = n\left(\frac{k}{N}\right)$
기하분포	$\sum_{x=1}^{\infty} x \cdot p(1-p)^{x-1} = \frac{1}{p}$
음이항분포	$\sum_{x=r}^{\infty} x \cdot \binom{x-1}{r-1} p^r (1-p)^{x-r} = \frac{r}{p}$
포아송분포	$\sum_{x=0}^{\infty} x \cdot \frac{\lambda^x e^{-\lambda}}{x!} = \lambda$

■ 결합확률분포와 주변확률분포

- 결합확률분포 : 두 개 이상의 확률변수가 동시에 취하는 여러 가지 값들에 확률을 대응시켜 주는 관계
- 주변확률분포 : 결합확률분포로부터 얻어진 한 확률변수의 분포

1. 결합이산분포

(1) 이산결합확률함수

정의 9.20 결합확률질량함수

두 변수 X, Y가 이산확률변수라고 할 때, 결합확률질량함수(joint p.m.f.)는 다음과 같이 정의된다.

$f_{X,Y}(x,y) = P[X = x, Y = y]$

NOTE

이산결합확률함수의 조건

i) $f_{X,Y}(x,y) \geq 0, \forall x,y$

ii) $\sum_{x}\sum_{y} f_{X,Y}(x,y) = 1$

(2) 이산주변확률질량함수

$$f_X(x)\ (= P_X(x)) = \sum_{Y} f_{X,Y}(x,y)\ \text{: marginal p.m.f. of } X$$

$$f_Y(y)\ (= P_Y(y)) = \sum_{X} f_{X,Y}(x,y)\ \text{: marginal p.m.f. of } Y$$

(3) 결합누적분포함수

정의 9.21

$F_{X,Y}(x,y) = P[X \leq x, Y \leq y] = \sum_{X \leq x}\sum_{Y \leq y} f_{X,Y}(x,y)$ 가 성립하면 $F_{X,Y}(x,y)$ 를 결합누적분포함수(joint c.d.f.)라 한다.

$f_{X,Y}(x,y)$ 는 $f(x,y)$, $f_X(x)$ 는 $f(x)$, $f_Y(y)$ 는 $f(y)$ 로 표시할 수 있다.

예 9.25

어느 지역의 한 가구의 TV수와 자동차수는다음과 같은 확률관계를 가진다면 각각의 주변확률분포를 구하라.

〈결합확률분포표〉

자동차수(Y) \ TV수(X)	1	2	3	4	계
0	0.20	0.15	0.10	0.00	0.45
1	0.10	0.20	0.07	0.03	0.40
2	0.04	0.05	0.04	0.02	0.15
계	0.34	0.40	0.21	0.05	1

풀이

<X의 주변확률분포표>

X	1	2	3	4
$P(X=x)$	0.34	0.40	0.21	0.05

<Y의 주변확률분포표>

Y	0	1	2
$P(Y=y)$	0.45	0.40	0.15

[참고]

2. 결합연속분포

(1) 연속결합확률함수

정의 9.22 연속결합확률밀도함수

두 변수X, Y가 연속확률변수라고 하자. 다음 3조건을 만족시키는 $f_{X,Y}(x,y)$ 를 연속결합확률밀도함수(joint p.d.f.)라 한다.

i) $f_{X,Y}(x,y) \geq 0$

ii) $\int_{-\infty}^{\infty}\int_{-\infty}^{\infty} f_{X,Y}(x,y)\,dx\,dy = 1$

*iii) $\int_{c}^{d}\int_{a}^{b} f_{X,Y}(x,y)\,dx\,dy = P[a \leq x < b, c \leq y < d]$

(2) 연속주변확률밀도함수

$$f_X(x)=\int_{-\infty}^{\infty} f_{X,Y}(x,y)\,dy \ \text{: marginal p.d.f. of } X$$

$$f_Y(y)=\int_{-\infty}^{\infty} f_{X,Y}(x,y)\,dx \ \text{: marginal p.d.f. of } Y$$

(3) 결합누적분포함수

정의 9.23 결합누적분포함수

$F_{X,Y}(x,y)=\int_{-\infty}^{x}\int_{-\infty}^{y} f_{U,V}(u,v)\,du\,dv$ 가 성립하면

$F_{X,Y}(x,y)$ 를 결합누적분포함수(joint c.d.f.)라 한다.

NOTE

결합누적분포함수의 성질

① $f_{X,Y}(x,y)=\dfrac{\partial^2 F_{X,Y}(x,y)}{\partial x\,\partial y}$

② $F_{X,Y}(-\infty,\infty)=F_{X,Y}(-\infty,y)=F_{X,Y}(x,-\infty)=0$

③ $F_{X,Y}(\infty,\infty)=1$

④ $a \le b, c \le d$ 이면 $F_{X,Y}(a,c) \le F_{X,Y}(b,d)$

⑤ $R=\{(x,y)|a < X \le b, c < Y \le d\}$

$\Rightarrow P[a < X \le b, c < Y \le d]=$

$F_{X,Y}(b,d)-F_{X,Y}(a,d)-F_{X,Y}(b,c)+F_{X,Y}(a,c)$

⑥ $\lim_{x\to\infty} F_{X,Y}(x,y)=F_Y(y)$, $\lim_{y\to\infty} F_{X,Y}(x,y)=F_X(x)$

예 9.26

결합확률밀도함수 $f(x,y)=\begin{cases}2,\ 0<x<y<1\\ 0,\ \text{otherwise}\end{cases}$ **일 때, 다음을 구하라.**

(1) 주변확률밀도함수 $f(x)$ **와** $f(y)$

(2) 결합누적분포함수 $F(x,y)$

풀이

(1) $f(x)=\int_x^1 2dy=\begin{cases}2(1-x),\ 0<x<1\\ 0\ \ \ ,\ otherwise\end{cases}$, $f(y)=\int_0^y 2dx=\begin{cases}2y,\ 0<y<1\\ 0\ ,\ otherwise\end{cases}$

(2) $F(x,y)=\int_{-\infty}^{x}\int_{-\infty}^{y} f(t_1,t_2)dt_2dt_1=\int_0^x\int_0^y 2\,dt_2dt_1=2xy$

3. 독립확률변수

정의 9.24 독립

두 확률변수 X, Y의 결합확률함수 $f_{X,Y}(x,y)$ 의 주변확률함수를 각각 $f_X(x), f_Y(y)$ 라 할 때

$f_{X,Y}(x,y)=f_X(x)\cdot f_Y(y)$

이면 두 확률변수는 서로 독립이라 한다.

예 9.27

[예 9.27] X_1, X_2 **가 연속확률변수로서 다음과 같은 확률밀도함수를 가질 때 아래 확률을 구하라.**

$$f(x,y)=\begin{cases}e^{-(x+y)},\ x,y\ge 0\\ 0\ \ ,\ \text{otherwise}\end{cases}$$

풀이

$f(x,y)=e^{-(x+y)}=\int_{-\infty}^{\infty}e^{-(x+y)}dy\int_{-\infty}^{\infty}e^{-(x+y)}dx=e^{-x}\cdot e^{-y}=f_X(x)\cdot f_Y(y)$ 이므로 X와 Y는 독립이다.

4. 조건부분포

‣ 조건부확률함수 : 두 변수 X, Y의 결합분포에서 어느 한 변수가 특정 값을 취한다는 조건 하에 다른 변수가 값을 취함.

$$f(x|y) = P[X = x|Y = y] = \frac{f_{X,Y}(x,y)}{f_Y(y)} \text{ : conditional p.m.f. of } X$$

$$f(y|x) = P[Y = y|X = x] = \frac{f_{X,Y}(x,y)}{f_X(x)} \text{ : conditional p.m.f. of } Y$$

* 여기서 $f_X(x)$ 및 $f_Y(y)$는 주변확률함수이다.

■ 공분산과 상관계수

1. 공분산(covariance)

정의 9.25

2차원 확률변수(X, Y), $\mu_x = E(X)$, $\mu_y = E(Y)$에 대하여

$Cov(X, Y) = \sigma_{XY} = E[(X - \mu_X)(Y - \mu_Y)] = E(XY) - E(X)E(Y)$

: (X, Y)의 공분산

정리

X, Y가 확률변수이고, a,b가 상수일 때 다음이 성립한다.

i) $Cov(X, Y) = Cov(Y, X)$

ii) $Cov(X, X) = Var(X)$

iii) $Cov(aX, bY) = ab\,Cov(X, Y)$

* 공분산의 의미

① 공분산이 + 이면 두 변수는 같은 방향으로 움직여 하나가 커지면 다른 하나가 커지는 것임. : 즉 중간고사 성적이 좋으면 기말고사 성적이 좋은 경향이 있는 것을 보임

② 공분산이 0 이면 두 변수는 아무런 관계가 없음

③ 공분산이 − 이면 두 변수는 다른 방향으로 움직임 : 예를 들어 인접한 두 식당의 매출액은 한 집이 좋으면 다른 집이 나쁠 수 있음

2. 상관계수(correlation coefficient)

정의 9.26 2차원 확률변수에 대하여

$$Corr(X, Y) = \rho_{XY} = \frac{Cov(X, Y)}{\sigma_X \sigma_Y} \quad : (X, Y) \text{ 의 상관계수}$$

σ_X, σ_Y : 모집단에 대한 표준 편차

정리

$-1 \le Corr(X, Y) \le 1$:상관계수는 공분산을 표준화한 것이다.

* 상관계수의 의미

두 변수간 결합되어 있는 정도의 크기를 비교하기 위하여 만들어낸 개념

① 상관계수가 1 이면 두 변수 사이에 완전한 양의 선형관계(즉, 비례관계)가 있음

② 상관계수가 0 이면 관계가 없음

③ 상관계수가 -1 이면 두 변수 사이에 완전한 음의 상관관계(즉, 반비례관계)가 있음

정리

X, Y 가 독립인 확률변수 $\Rightarrow Cov(X, Y) = 0$

* 역은 성립하지 않는다.

연습문제

기본문제

1 확률 실험과 표본공간의 의미를 각각 써라.

2 주사위 한 개를 던질 때의 표본공간을 써라.

3 서로 다른 5개의 원소 중에서 3개를 순서 있게 나열하는 경우의 수를 구하라.

4 서로 다른 6개의 원소 중에서 2개를 순서 없이 선택하는 경우의 수를 구하라.

5 숫자0과 1을 사용하여 만들 수 있는 4자리 이진수의 개수를 구하라.(중복 허용)

6 흰 공4개, 검은 공6개가 들어 있는 상자에서 공2개를 순서 없이 꺼낼 때, 모두 흰 공일 확률을 구하라.

7 주사위 2개를 던질 때, 두 눈의 합이 짝수일 확률을 구하라.

8 동전을 3번 던질 때, 앞면이 정확히 2번 나올 확률을 구하라.

9 확률변수X가 다음과 같은 확률분포를 가질 때, 기댓값$E(X)$를 구하라.

X	0	1	2
$P(X)$	$\frac{1}{4}$	$\frac{1}{2}$	$\frac{1}{4}$

10 사건 A 에 대하여 $P(A) = 0.3$ 일 때, 여사건 A^c 의 확률을 구하라.

심화문제

1 사건 A 에 대하여 $P(A) = 0$ 이 의미하는 바를 써라.

2 확률변수의 기댓값이 항상 실제로 관측되는 값과 같지 않은 이유를 써라.

연습문제 정답

CHAPTER 1

[기본문제]

1. $N \subset Z \subset Q \subset R$
2. 유리수 : $-3, 0.25$ / 무리수 : $\sqrt{2}, \pi$
3. (1) 참 (2) 참 (3) 거짓
4. 10011_2
5. 43_{10}
6. 110.01_2
7. 153_8
8. EA_{16}
9. 0101_2 / 양수
10. $-8 \sim +7$

[심화문제]

1. -1 의 8 비트 2 의 보수 표현 : 11111111_2
   이유 : 1 의 보수를 취한 뒤 1 을 더하면 모든 비트가 1 이 된다.
2. 무한소수

CHAPTER 2

[기본문제]

1. 참 또는 거짓이 명확히 결정되는 문장
2. 명제 : (1), (4) / 명제가 아님 : (2), (3)
3. (1) 참 (2) 거짓
4. 5 는 홀수가 아니다.
5. 거짓
6. 참
7. 거짓
8. $\neg p \rightarrow \neg q$
9. (1) 거짓 (2) 참
10. 유효한 추론

[심화문제]

1. p=참, q=거짓

2. 진리표 동일

CHAPTER 3

[기본문제]

1. 정의를 용어의 의미를 정하고, 정리는 증명이 필요한 명제이다.
2. 직접증명법
3. p : x 는 짝수이다. / q : x^2 은 짝수이다.
4. 가정을 이용해 결론을 직접 도출한다.
5. 결론을 직접 보이기보다 부정을 통해 논리가 단순해진다.
6. 생략
7. 생략
8. 생략
9. $x = \frac{1}{2}$
10. 생략

[심화문제]

1. 대우증명법
2. $x = 1$

CHAPTER 4

[기본문제]

1. 원소나열법, 조건제시법
2. $A = \{x | x$ 는 2 의 배수인 자연수, $1 \leq x \leq 8\}$
3. (1), (3)
4. 5
5. $\{\varnothing, \{1\}, \{2\}, \{3\}, \{1,2\}, \{1,3\}, \{2,3\}, \{1,2,3\}\}$
6. (1) $\{1,2,3,4,5,6\}$ (2) $\{3,4\}$ (3) $\{1,2\}$
7. $\{4,6\}$
8. (1) $\{(a,1), (a,2), (a,3), (b,1), (b,2), (b,3)\}$ (2) 6
9. 분할이다.
10. 임의의 원소가 A 에 속하면 B 에도 속하므로 교집합에서도 포함 관계가 유지된다.

[심화문제]

1. 성립한다.
2. $\{\{1\}, \{2,3\}\}$

CHAPTER 5

[기본문제]

1. 2×3
2. (2), (4)
3. 3
4. (1), (3), (4)
5. $\begin{bmatrix}1&2\\0&3\end{bmatrix}$
6. $\begin{bmatrix}3&1\\3&1\end{bmatrix}$
7. $\begin{bmatrix}-3&6\\0&12\end{bmatrix}$
8. $\begin{bmatrix}4&7\\1&3\end{bmatrix}$
9. 5
10. $\begin{bmatrix}1&2\\3&1\end{bmatrix}\begin{bmatrix}x\\y\end{bmatrix}=\begin{bmatrix}3\\5\end{bmatrix}$

[심화문제]

1. 곱셈 순서에 따라 연산 결과가 달라진다.
2. 역행렬이 존재하지 않는다.

CHAPTER 6

[기본문제]

1. 정의역의 각 원소에 대해 공역의 원소 하나를 대응시키는 관계
2. 정의역 : $x \geq 0$, 치역 : $y \geq 0$
3. 함수가 아니다.
4. 단사함수이다.
5. 전사함수가 아니다.
6. 전단사함수이다.
7. (1) $(x+1)^2$ (2) x^2+1
8. 존재한다. $f^{-1}(x)=\dfrac{x-1}{2}$
9. (1) 3 (2) 4
10. 상수함수. 단사함수가 아니다. 전사함수가 아니다.

[심화문제]

1. 서로 다른 입력이 같은 출력을 가진다.
2. 단사이면서 전사이다.

CHAPTER 7

[기본문제]

1. V : 정점들의 집합 / E :정점들을 연결하는 변들의 집합
2. 변에 방향의 유무 차이가 있다.
3. (1) 한 정점에서 시작하여 같은 정점으로 돌아오는 변
   (2) 두 정점 사이에 여러 변이 허용되는 그래프
4. 정점에 인접한 변의 개수
5. 각 변이 두 정점의 차수에 1 씩 기여하기 때문이다.
6. 14
7. $n-1$
8. 사이클 그래프
9. (1) 홀수 차수 정점0 개 (2) 홀수 차수 정점2 개
10. 해밀턴 경로 : 정점을 한 번씩 방문 / 오일러 경로 : 변을 한 번씩 사용

[심화문제]

1. 각 간선이 차수에 2 씩 기여한다.
2. 시작점으로 되돌아오는 하나의 순환만 존재한다.

CHAPTER 8

[기본문제]

순환이 없고 모든 노드가 연결된 그래프

2. $n-1$
3. (1) 트리의 최상위 노드 (2) 자식 노드가 없는 노드
4. 트리는 순환을 포함하지 않기 때문이다.
5. 형제 노드
6. 해당 노드가 가지는 자식 노드의 개수
7. 각 노드가 가질 수 있는 자식 노드의 최대 개수가 2 인 트리
8. $2^{h+1}-1$
9. 루트 → 왼쪽 서브트리 → 오른쪽 서브트리
10. 모든 정점을 포함하면서 간선 가중치 합이 최소인 신장트리

[심화문제]

1. 순환이 생긴다.
2. 그래프가 분리된다.

CHAPTER 9

[기본문제]

1. 확률 실험 : 결과가 불확실한 시행 / 표본공간 : 가능한 모든 결과의 집합
2. $\{1,2,3,4,5,6\}$
3. ${}_5P_3 = 60$
4. ${}_6C_2 = 15$
5. $2^4 = 16$
6. $\dfrac{{}_4C_2}{{}_{10}C_2} = \dfrac{2}{15}$
7. $\dfrac{1}{2}$
8. $\dfrac{3}{8}$
9. $E(X) = 1$
10. 0.7

[심화문제]

1. 발생할 가능성이 없다.
2. 기댓값은 평균적 지표이다.